RECHERCHES

SUR L'HISTOIRE DE L'

ÉCONOMIE POLITIQUE

PAR

ERNEST NYS

Professeur à l'Université de Bruxelles, Juge au Tribunal de première instance,
Membre de l'Institut de droit international.

BRUXELLES
ALFRED CASTAIGNE
rue de Berlaimont, 28.

PARIS
ALBERT FONTEMOING
rue Le Goff, 4.

1898

RECHERCHES

SUR L'HISTOIRE DE L'

ÉCONOMIE POLITIQUE

PRINCIPALES PUBLICATIONS DU MÊME AUTEUR.

The Papacy considered in relation to International Law. *Traduction par le* Rév. PONSONBY A. LYONS. *Londres*, 1879.

La guerre maritime. Étude de droit international. *Bruxelles*, 1881.

Le droit de la guerre et les précurseurs de Grotius. *Bruxelles*, 1882.

L'Arbre des batailles d'HONORÉ BONET. *Bruxelles*, 1883.

Principes de droit international, par J. LORIMER. *Traduit de l'anglais. Bruxelles*, 1885.

François Laurent, sa vie, ses œuvres. *Bruxelles*, 1887.

Notes inédites de Bentham. *Bruxelles*, 1887.

Notes sur l'histoire dogmatique et littéraire du droit international en Angleterre. *Bruxelles*, 1888.

Thomas Campanella. *Bruxelles*, 1889.

Les initiateurs du droit public moderne. *Bruxelles*, 1890.

Principes de droit naturel, par J. LORIMER. *Traduit de l'anglais. 2 volumes. Bruxelles et Paris,* 1890.

Les théories politiques et le droit international en France jusqu'au XVIII° siècle. *Bruxelles et Paris.* 1891.

Les « Bentham papers » du British Museum. *Bruxelles*, 1891.

Les origines du droit international. *Bruxelles et Paris,* 1894.

Études sur les principes du droit international, par J. WESTLAKE. *Traduit de l'anglais. Bruxelles et Paris,* 1895.

Études de droit international et de droit politique. *Bruxelles et Paris,* 1896.

RECHERCHES

SUR L'HISTOIRE DE L'

ÉCONOMIE POLITIQUE

PAR

ERNEST NYS

Professeur à l'Université de Bruxelles, Juge au Tribunal de première instance,
Membre de l'Institut de droit international.

BRUXELLES	PARIS
ALFRED CASTAIGNE	ALBERT FONTEMOING
rue de Berlaimont, 28.	rue Le Goff, 4.

1898

A

THOMAS ERSKINE HOLLAND

AVOCAT,

PROFESSEUR DE DROIT INTERNATIONAL A L'UNIVERSITÉ D'OXFORD,
DOCTEUR EN DROIT HONORIS CAUSA DES UNIVERSITÉS DE BOLOGNE,
DE GLASGOW ET DE DUBLIN,
PROFESSEUR HONORAIRE DE L'UNIVERSITÉ DE PÉROUSE,
MEMBRE DE L'UNIVERSITÉ DE SAINT-PÉTERSBOURG ET DE LA SOCIÉTÉ
JURIDIQUE DE BERLIN,
MEMBRE DE L'INSTITUT DE DROIT INTERNATIONAL.

Introduction.

La question de savoir quelle part les générations
qui nous ont précédés sur la terre ont apportée aux
théories économiques aussi bien qu'à la pratique est
généralement résolue de façon incomplète. Presque
tous les écrivains bornent leurs recherches à l'antiquité classique ; ils suggèrent ainsi des réponses
nécessairement insuffisantes et confondent d'ailleurs
les notions relatives aux faits et les notions doctri-
nales.

Amoindrissant le sujet, les uns s'attachent à démontrer qu'à tout prendre faibles sont nos obligations envers les anciens ; les autres s'ingénient, au
contraire, à faire ressortir les mérites de la Grèce
et de Rome. Selon l'une opinion, non seulement en
l'organisme même de la société grecque et de la
société romaine se trouvaient d'insurmontables obstacles, mais l'esprit foncièrement militaire, l'incessante
préoccupation politique, les idées philosophiques s'op-
posaient à toute discussion quelque peu approfondie
concernant la nature et les causes de la richesse.
Selon l'autre opinion, il y aurait injustice criante à
ne pas proclamer bien haut le mérite de plusieurs
grands hommes de l'antiquité classique et à ne pas
affirmer le rôle important que remplit maint penseur
scrutant avec soin des problèmes isolés ou se rappro-
chant de la conception de science. C'est ainsi qu'on

1

voit signaler dans les maximes des pythagoriciens et
des sophistes les origines de théories économiques, et
qu'on entend rappeler la précise notion acquise par
Socrate de la grande division de la science politique
en science financière, connaissance des choses de la
guerre et politique économique, ou bien encore les
enseignements judicieux de Thucydide, de Xénophon,
d'Aristote, pour ne citer que ces noms illustres.
Rome n'est pas oubliée dans cette énumération élo-
gieuse ; Cicéron, Sénèque, Pline l'Ancien sont invoqués et on s'attache à donner plus de relief qu'il ne
convient peut-être bien à quelques pensées de Caton,
de Varron et surtout de Columelle.

L'économie politique est véritablement la création
de ce qu'on a appelé le génie européen. C'est au
XIIᵉ et au XIIIᵉ siècle de notre ère que se place
l'apparition de cet esprit nouveau dans lequel se
combinent l'expérience des races antérieures et l'apti-
tude de nations jeunes et vigoureuses pour une mission qui exigeait non seulement de grands talents
politiques, mais, en outre, une endurance à toute
épreuve et une souplesse sans égale.

Le génie européen a triomphé ; il a affirmé glo-
rieusement son hégémonie sur le globe et tout fait
supposer que longtemps encore il saura l'exercer.
Dans la série longue déjà de ses efforts et de ses
luttes, il a mis à profit les leçons données par d'autres peuples que les Grecs et que les Romains ; il
s'est assimilé des découvertes que ceux-ci n'avaient
point faites ; il a utilisé et développé des institutions existant déjà quand aucune culture n'avait
apparu dans la race hellénique ou dans la race
italique.

On peut affirmer que, sans les legs qu'ont laissés

les races orientales et que le moyen âge a recueillis, grâce à Byzance, grâce aux diverses constructions politiques surgies sur les côtes septentrionales d'Afrique et en Espagne, grâce à des intermédiaires modestes, parmi lesquels il faut citer en premier lieu les Juifs et les Syriens, la civilisation européenne ne pourrait étaler l'ensemble merveilleux de travaux de tout genre qui seront son éternel honneur. Quelle que soit la dette de reconnaissance contractée par nos pères envers la Grèce et envers Rome, la poursuite de tout ce qui fait le bien-être matériel, l'activité dans la production industrielle, le don de communiquer avec l'étranger et d'échanger ainsi les fruits du labeur, leur ont été enseignés ou transmis par des peuples sémitiques de race ou dans lesquels l'élément sémitique avait fortement pénétré, qui eux-mêmes avaient recueilli de races parues auparavant dans le domaine de l'histoire et avaient perfectionné des procédés mécaniques, des métiers, des inventions. Aux résultats amenés sous cette double influence les fondateurs de la civilisation occidentale ont ajouté leurs facultés d'organisation, leur esprit de curiosité, leur persévérance obstinée et surtout leur instinct ardent et invincible de la liberté.

Nous devons à la culture hellénique d'inestimables biens ; d'elle nous viennent ceux qui, avec la liberté, sont les plus précieux de tous, la science, recherche impartiale et désintéressée des causes et, partant, de la vérité, et l'amour de cette recherche, qui fut toujours et est encore, somme toute, l'agent le plus puissant, le plus efficace de tout progrès. C'est assez dire qu'en économie politique comme en tant d'autres matières, on ne peut sans ingratitude songer même à diminuer l'importance des services que la Grèce rendit au monde moderne. D'ailleurs, en ce qui concerne précisément l'étude des multiples problèmes qui rentrent dans ce sujet, l'impulsion donnée par les penseurs de l'antiquité se fit même sentir quand le monde grec et le monde romain avaient disparu. On l'a dit avec raison, des passages de la *Morale à Nicomaque* et de la *Politique* d'Aristote touchant deux points essentiels de la théorie de la richesse; l'utilité de la monnaie et l'intérêt de l'argent, furent le point de départ de l'économie politique au moyen âge ; ils suscitèrent les premières controverses, ils donnèrent lieu à des spéculations d'où sortit une série de théories qui aboutirent à la réunion en corps de doctrine, à la systématisation (1).

La *Morale à Nicomaque* a été connue dans l'Europe occidentale, aux premières années du XIIIe siècle, par des versions latines dérivées de l'arabe ou du texte grec ; la *Politique* a été complètement révélée par la traduction latine qu'entreprit 'sur le texte grec, en 1271, Guillaume de Moerbeke. Jusquelà, aucun effort ne mérite d'être signalé qui ait tendu à expliquer, à coordonner les phénomènes économiques. A peine peut-on invoquer, dans une époque qui avait produit déjà des hommes de haute valeur, Guillaume de Conches divisant la science en deux parties principales, l'une, la sagesse, c'est-à-dire la connaissance vraie et certaine des choses, l'autre, l'éloquence, c'est-à-dire la manière de bien exprimer cette connaissance, et plaçant l'économique en tête de la partie pratique de la sagesse, en la définis-

---

(1). Charles Jourdain, *Excursions historiques et philosophiques à travers le moyen âge. Mémoire sur les commencements de l'économie politique dans les écoles du moyen âge*, pp. 423 et suivantes.

sant la manière de gouverner la famille : « *Et est echonomica quæ docet qualiter unusquisque debeat dispensáre propriam familiam* ». Mais dès que la tradition aristotélicienne fut renouée, la situation se modifia, la transformation fut complète.

Déjà saint Thomas d'Aquin émit un certain nombre d'idées se rapportant à des questions économiques ; son exemple fut suivi ; des discussions s'ouvrirent ; les propositions formulées trouvèrent des adeptes et des adversaires. La science économique était certes loin encore d'être constituée ; les divers problèmes étaient même traités généralement sous la forme de simples conséquences de principes ou de questions offrant plus d'importance. Il se fit néanmoins que l'attention fut appelée sur tout un ordre de faits jusqu'alors négligé et dont la grandeur ne tarda pas à apparaître. Au début, la plupart des auteurs obéissaient aux préoccupations théologiques ; leurs études se rapportaient surtout aux points relatifs à la distribution de la richesse ; ils en négligeaient la production et la consommation. La vision s'élargit ; l'esprit humain se traça une voie nouvelle, dans laquelle les juristes pénétrèrent à la suite des théologiens et qui mena à un domaine délimité, formant une partie distincte de la science générale, à l'économie politique.

Dans l'étude des problèmes économiques nés au sein de la société européenne et dans l'examen des progrès accomplis durant la dernière partie du moyen âge, il faut se pénétrer de la pensée que des branches essentielles de la race aryenne n'ont·participé qu'assez tard à la direction de l'humanité. Toute une face même de la vie des nations semble leur avoir échappé pendant longtemps. En règle générale, pour

ce qui aide à donner satisfaction à une partie des
exigences matérielles de l'existence, pour les instruments de production, les créations de l'industrie, les
entreprises du négoce, les peuples européens demeu-
rèrent tributaires jusqu'il y a quelques siècles ;
quand, par exception, ils parvenaient à se dégager
de la sujétion, ce n'était qu'en imitant les procédés
employés depuis longtemps par des peuples d'une
autre race ou en enlevant à ceux-ci leurs habiles
artisans. On peut dire qu'en tout ce qui concerne le
luxe, cette situation inférieure a duré jusqu'au xviie
siècle. L'observation ne s'applique pas seulement aux
œuvres matérielles ; elle est vraie pour les institutions qui se rattachent plus spécialement au bien-
être de la vie ; elle est vraie surtout pour une série
assez longue de créations financières, commerciales,
maritimes, et pour les constructions juridiques qui
les réglementent ou qui tendent à les sanctionner.

Il n'est pas même facile d'établir le bilan de tout
ce que la culture aryenne a ainsi emprunté, parce
qu'à chaque instant des aperçus nouveaux s'imposent
qui rejettent dans le lointain des siècles écoulés telle
invention que l'on croyait récente et qui en attri-
buent le mérite à d'autres que ceux qui en ont longtemps usurpé l'honneur.

L'histoire ne prononce point de sentences irrévo-
cables ; toujours ses décisions sont sujettes à contestation, à réfutation, à revision ; elle décide à peine,
mais plutôt suggère ; elle n'a point imaginé, comme
le droit, la fiction trop facile et trop commode de
la stabilité des jugements. Rien donc de définitif
n'est connu au sujet des origines de toute civilisation, et en ce qui concerne ces éléments relatifs à
l'existence matérielle dont nous venons de nous

occuper, on ne sait même point dans quelle proportion les nations qui les ont transmis aux nations
aryennès les ont elles-mêmes empruntés à d'autres
nations.

La collaboration de toutes les races à l'œuvre de
l'humanité peut être affirmée ; l'exacte détermination
des parts est impossible. C'est le cas pour Babylone, par exemple, envers laquelle le monde aryen
est redevable d'un nombre considérable de notions
et de procédés utiles. Comme Ninive, elle s'appuie
sur cette civilisation accadienne qui a attesté sa
force par d'énormes constructions et qui a inspiré
ces colossales monarchies despotiques, si éloignées de
l'esprit libéral des Aryens et de l'instinct anarchiste
des Sémites primitifs. La mission des Babyloniens,
nés de la fusion des Sémites et des Accadiens, la
mission des Phéniciens, Hamites mêlés de Sémites,
la mission des peuples purement sémitiques ne sont
d'ailleurs nullement amoindries pour avoir été en
partie des missions de propagateurs, d'intermédiaires, de courtiers. A tout prendre, il leur est
resté un domaine original ; dans tous les cas, ils
ont amélioré ce qu'ils avaient recueilli des civilisations antérieures.

L'apport de Babylone est considérable dans
l'œuvre économique et juridique. Elle connaissait le
contrat de société, le cautionnement, le prêt à intérêt, l'hypothèque ; elle avait fort probablement le
système uniforme des poids et des mesures ; elle
possédait la technique du grand commerce ; elle
employait l'argent comme moyen d'échange ; devant
le danger que présentait le transport des valeurs
métalliques, elle avait recours au mandat de paiement tiré d'un lieu dans un autre, à la *sipartu*,

« la missive », galette d'argile sur laquelle on inscrivait au stylet l'ordre de payer et qu'on faisait durcir au four.

La Phénicie accomplit dans la navigation des progrès tels qu'ils ne furent dépassés qu'au bout de vingt siècles ; elle fonda le commerce maritime ; elle introduisit dans la pratique des affaires nombre de règles que la science du droit utilisa et systématisa. La domination des monarchies asiatiques s'étendait sur d'immenses territoires ; les comptoirs de Sidon et de Tyr étaient établis jusque dans les contrées les plus éloignées.

D'autres populations encore contribuaient à la propagande incessante. La guerre servait au but presque tout autant que la paix ; elle abattait les frontières ; elle ouvrait les voies vers le lointain ; elle mettait en contact les nations les plus diverses ; elle amenait ce mélange incessant, trait distinctif dans le développement du continent asiatique ; elle provoquait la diffusion des procédés et des méthodes de travail par la cruelle pratique des grands conquérants transportant les ouvriers habiles et jetant ainsi des groupements industriels dans les pays où n'avaient pénétré jusqu'alors nul art, nul métier.

Si l'on se rapproche de l'Europe, on constate l'influence énorme exercée par le génie de la Phénicie sur l'Ionie, où fleurirent pour la première fois les admirables qualités de la race hellénique. On ne peut négliger ce fait, pas plus que cet autre fait, l'action de la Phénicie sur l'archipel et sur la Grèce continentale. Sans doute, la thèse d'après laquelle la civilisation hellénique serait purement phénicienne est une thèse erronée, mais au fond de cette assertion excessive, il y a une part d'incontestable vérité.

Les conquêtes d'Alexandre furent l'affirmation éclatante de la vigueur de l'hellénisme. Un acte nouveau s'ouvrait dans le drame gigantesque de l'histoire, qui, selon l'expression de M. Élisée Reclus, n'est autre chose qu'une lutte incessante entre l'Asie et l'Europe avec des alternatives diverses. La culture grecque s'épandit en Syrie, en Mésopotamie, dans l'Inde. A son tour, Rome essaya de faire prévaloir en Orient les idées de l'Ouest ; mais la tentative échoua ; le vainqueur subit presque aussitôt l'irrésistible domination de l'Asie.

Plus tard, l'empire des Césars fut envahi au nord par les populations barbares que lançaient sur lui l'Europe asiatique et l'Asie ; peu à peu même, les cercles concentriques qui, pour employer l'image, s'espaçaient autour de la Méditerranée furent entamés ; les régions septentrionales tombèrent au pouvoir de races qui affirmaient pour la première fois leur personnalité ; les régions orientales et méridionales subirent le travail d'infiltration. Byzance est le témoignage sensible de l'influence des idées asiatiques. Le pays d'Afrique et l'Espagne, où l'œuvre romaine s'était poursuivie avec ténacité, finirent par être le domaine des sectateurs de ce mouvement colossal, à la fois religieux et ethnique, l'islamisme.

Byzance a aidé à faire pénétrer dans l'occident de l'Europe les idées, les notions asiatiques. Dans la sphère de la politique, elle fut le modèle de l'absolutisme ; elle exerça ainsi une fascination sur les gouvernants. Le système était étrange ; la monarchie byzantine avait un caractère complètement sacerdotal ; elle exagérait les principes fondamentaux des anciens empires asiatiques. Le chef suprême était le vicaire de Dieu ; sa domination s'étendait sur le monde entier ; elle embrassait les terres connues aussi bien que les terres inconnues ; hors d'elle, point de bonheur, point de salut pour les peuples. Être agent du pouvoir, c'était être investi d'une dignité religieuse ; obtenir des fonctions publiques, c'était recevoir un sacrement ; l'élu se préparait par la prière et par la communion. La rébellion était le plus grave des péchés ; le coupable était frappé d'anathème ; son crime s'appelait l' « apostasie ».

Nulle notion de liberté véritable, dans aucune des sphères de l'activité, pas plus dans le développement de l'industrie que dans le gouvernement général. Le monopole était organisé avec une rigueur véritable. La réglementation à outrance semblait le régime rationnel par excellence. On peut le dire, de Byzance surtout sont dérivées nombre d'idées de compression et de réglementation que l'on constate dans l'histoire des communautés politiques de l'Occident, où elles ne cessent de lutter contre les idées de liberté. Faut-il rappeler, à ce sujet, que partout où la pensée libérale a été vaincue, la ruine est survenue ? En matière économique comme en matière politique, le principe autoritaire répugne à la nature humaine, il corrompt ses manifestations, il conduit fatalement au lamentable échec. L'histoire de l'économie l'atteste : liberté industrielle, liberté commerciale, abolition de toute entrave, telles sont les conditions du progrès.

Nous reviendrons sur la réglementation à outrance, sur l'organisation du monopole dans l'empire d'Orient, sur ses néfastes conséquences pour le négoce et pour l'industrie. Signalons ici que la monarchie byzantine, maîtresse cependant des côtes auxquelles aboutissaient les routes commerciales d'Asie, ne put lutter contre les actives communautés qui s'étaient formées en Italie, et qui lui enlevèrent la majeure partie du commerce maritime. Il y avait des marchands grecs dans la plupart des pays de l'Europe continentale ; ils furent supplantés par les Italiens, par les Slaves et par l'élément scandinave.

L'influence des Arabes a été grande pour l'organisation douanière et pour la fiscalité. Eux-mêmes avaient fait des emprunts considérables aux institutions des peuples qu'ils avaient soumis ; et c'est ainsi notamment qu'ils avaient modifié et rendu plus aisées les règles suivies par les Byzantins. Les gouvernements qu'ils édifièrent en Asie, en Afrique et en Espagne servirent de modèles, sous plus d'un rapport, aux chrétiens ; telle de leurs institutions, copiée dans les principautés franques de l'Orient latin, fut rendue plus accessible aux Occidentaux.

Il y a plus. En Sicile, la domination byzantine et la domination arabe avaient produit successivement un ordre de choses que les Normands maintinrent et utilisèrent, et que Frédéric II fit rentrer dans la conception de l'État. Là, s'opéra un intéressant travail, insuffisamment mis en lumière, généralement ignoré même, et qui a pour les théories du monde moderne une haute signification.

Point non moins important, la culture musulmane a donné de l'essor à l'esprit de recherche et d'entreprise. Des voyageurs arabes ont précédé et guidé les voyageurs européens dans l'extrême Asie ; des marchands arabes ont frayé les chemins vers la Tartarie, l'Inde, l'Indo-Chine et la Chine, vers Sumatra, Java, Bornéo, vers les côtes orientales de l'Afrique, longtemps avant que les négociants

européens eussent songé à s'aventurer dans ces
régions éloignées. L'Europe s'est vue ainsi mettre à
même de profiter du gigantesque travail d'unifica-
tion opéré dans l'Asie par les Mongols au xiii° siècle, et de s'assimiler les découvertes, les éléments
économiques, les procédés industriels ou mécaniques
de l'Orient dont les croisades ne lui avaient fait
connaître imparfaitement qu'une partie.

Usage de la boussole, emploi de la poudre, livres
gravés en planches de bois, papier-monnaie, connaissances astronomiques sont autant de fruits dus aux
relations que les Européens ont pu entretenir avec
les Mongols. Progrès dans l'art de l'ingénieur et
dans la balistique, développement de l'étude de la
géographie, de la médecine, de la botanique, des
mathématiques, tels avaient été quelques effets du
contact de l'Occident avec les Arabes à l'occasion
des croisades. A tout cela doit s'ajouter une considération plus élevée : l'élargissement du cercle des
opinions, la destruction de préjugés et d'erreurs. Ici
se présente la question intéressante soulevée par
Abel Rémusat demandant de décider, s'il est possible, de ce qu'auraient été les siècles qui ont suivi
le xiii° siècle, s'ils avaient été privés de la masse
imposante d'idées nouvelles qu'introduisit tout à
coup en Europe le commerce de l'Asie orientale
en fait d'histoire et de géographie, d'opinions
religieuses et publiques.

Si l'on veut examiner de plus près le travail
d'infiltration dont nous venons de signaler quelques
effets, il faut songer à la tradition qui s'opère dans
la pratique industrielle ; il faut songer aussi aux
livres et à l'enseignement des écoles, plus efficace
souvent que les livres. Que l'on prenne, par exem-

ple, les connaissances chimiques ; ce qui est vrai
pour celles-ci s'applique à plus d'un art. Les traditions techniques des praticiens, les communications
que se transmettaient les corporations, les souvenirs
professionnels que gardaient les familles ont plus
fait peut-être que l'enseignement pour la conservation, l'emploi, le perfectionnement de maint métier.
Dans son livre sur la chimie au moyen âge,
M. Berthelot constate la continuité des pratiques du
travail des métaux, des couleurs, de la céramique
depuis la civilisation gréco-égyptienne sur le sol
même de l'Égypte, à travers la durée de l'empire
romain, pendant la période carlovingienne et bien
au delà.

Nous ne possédons que de rares spécimens de la
production littéraire des peuples orientaux concernant les procédés techniques. Une explication a été
donnée, d'après laquelle les anciens auraient cru
profaner l'écriture en l'appliquant à ces sortes de
sujets. Il est cependant tel ouvrage que l'on prétend
être le développement d'un traité babylonien, et dont
on trouve la raison et la justification dans la circonstance que le sujet était considéré comme rentrant
dans une technique sacrée. C'est le cas pour le
Traité de l'agriculture nabatéenne, qui nous est
connu par une version arabe du xe siècle de notre
ère. Peut-être bien que des recueils ont été composés dès les temps reculés au sujet des professions
et des métiers, de leurs méthodes et de leurs traditions, mais sont complètement perdus. Les débris
de la bibliothèque du roi Assur-bani-pal forment
une masse assez considérable pour que leur contenu
couvrirait, dans le format des livres modernes, plus
de cinq cents volumes de cinq cents pages in-

quarto ; on y trouve des renseignements sur les
relations diplomatiques, sur la statistique des pays
tributaires ; on y voit un catalogue des cités assy-
riennes avec la mention des sommes qu'elles
payaient ou des contributions qu'elles fournissaient
en nature, particulièrement en grains. Qu'y aurait-il
d'étonnant si des travaux avaient eu plus spécialement en vue l'industrie et les procédés qu'elle
employait ? Le temps a dû détruire bien des documents importants et plus destructrice que le temps
s'est peut-être montrée l'action de l'homme. N'oublions pas que dans l'industrieuse Égypte, Dioclétien
fit, en l'an 290, brûler les vieux livres d'alchimie
sur l'or et l'argent, afin que les Égyptiens ne pus-
sent s'enrichir par cet art et en tirer une source de
richesses pour se révolter contre les Romains (1).

La continuité de l'enseignement scientifique mérite
d'être mise en évidence. On connaît le rôle rempli
dans l'histoire de la civilisation médiévale par les
écoles d'Espagne, Cordoue, Séville, Valence, reliant
l'Occident aux idées helléniques. Elles sont les
émules de centres non moins fameux, Bagdad,
Samarcande, le Caire. Pendant neuf cents ans, la
culture musulmane exerça de l'action sur une
immense partie du monde alors connu. La règne de
Bagdad dura cinq siècles et par Bagdad notamment
les enseignements de l'Inde, représentés surtout par
Bénarès, se propagèrent au loin. Juifs et Syriens
rivalisaient d'ardeur dans ce mouvement. Les Juifs
s'assimilèrent la langue arabe ; ils initièrent à la
tradition grecque et arabe les écrivains occidentaux

---

(1) Berthelot. *Collection des anciens alchimistes grecs*. Introduction, p. 4.

latins du xii° et du xiii° siècle. Au vi° siècle de
notre ère avait commencé l'œuvre scientifique des
Syriens, qui devait se prolonger jusqu'au xiii° siècle
et exercer de l'influence sur les musulmans, sur les
Byzantins, et, lors des croisades, sur les établissements latins de l'Asie Mineure ; Nisibe, en Mésopotamie, était une de leurs plus florissantes écoles
et sur elle se reflétait l'enseignement de l'école de
Harran, le refuge des Sabéens, adorateurs des
astres.

Les points de contact deviennent ainsi apparents
et expliquent le va-et-vient des opinions. Rien
n'échappe aux influences du passé. Les rêves effray-
ants de la superstition du moyen âge occidental se
relient aux premiers temps de l'humanité. Babylone
suscite les spéculations étranges des cabalistes juifs ;
elle alimente leur imagination déjà désordonnée. Le
mahométisme jette dans le monde l'aspiration vers
le merveilleux. Que si l'on réfléchit aux systèmes
édifiés dans la pensée pure, on peut rattacher les
initiateurs de la scolastique à l'école d'Alexandrie,
où affluent les doctrines de l'Inde et celles de
l'Orient proprement dit, et Spinoza au juif arabe
Avicebron et au musulman Averroès relevant eux-
mêmes des philosophes hindous (1).

---

(1) CHARLES SCHŒBEL, *Le Râmâyana au point de vue religieux,
philosophique et moral*, p. 2.

CHAPITRE I.

L'INFLUENCE BYZANTINE ET L'INFLUENCE MUSULMANE.

Les invasions des Barbares portèrent un coup terrible à l'industrie et au commerce de l'Europe occidentale, qui vit succéder la désolation et la ruine à l'ère de prospérité. Peu à peu, les cités florissantes disparurent ; le négoce devint nul ; le coup fut tel qu'il fallut des siècles pour réparer le mal. Ce n'est pas qu'on ne constate des tentatives louables dans quelques-uns des royaumes fondés par les populations germaniques ; vers la fin du vIIIᵉ siècle, un effort gigantesque se fit dans les vastes contrées soumises à Charlemagne ; mais la situation ne s'améliora réellement que lorsque les villes assumèrent le rôle civilisateur qu'elles devaient conserver jusqu'à l'apparition du mouvement de consolidation des nationalités et de centralisation des gouvernements. Seuls, quelques coins de terre privilégiés avaient échappé au désastre et au malheur ; tels ceux qu'occupaient, en Italie, des communautés que favorisait leur situation géographique et auxquelles la mer rendait faciles les communications avec le Levant, objectif continuel des entreprises commerciales.

La force de résistance de Byzance lui permit de supporter les furieuses attaques des tribus germaniques et slaves ; elle sortit meurtrie de la lutte, mais peu à peu les envahisseurs se fixèrent et le système

2

impérial s'affirma ; au xᵉ siècle, comme l'observe
Rambaud, hors de l'empire comme au sein de l'empire, l'Europe orientale moderne nous apparaît avec
ses linéaments principaux, avec ses éléments ethniques constitutifs (1). A sa domination, qui s'étendait
sur la Thrace, la Macédoine, l'Épire, la Grèce, l'Asie
Mineure, la Syrie, la monarchie byzantine rattachait,
par des liens plus ou moins relâchés, nombre d'autres
pays. Ainsi se maintinrent assez aisément les grandes voies commerciales vers l'Asie centrale ; ainsi
aussi se trouvèrent facilités les voyages et les expéditions des marchands grecs s'aventurant dans les
régions septentrionales et occidentales de l'Europe.

Nous n'avons pas à examiner de manière approfondie l'activité économique des Byzantins ; ce que
nous tenons à faire ressortir, c'est la politique même
du gouvernement byzantin, ce sont ses conceptions
erronées, ce sont ses fautes ; l'aboutissement était
l'inévitable décadence. Le champ des opérations
cependant était vaste ; l'activité des marchands,
l'initiative hardie des voyageurs, les goûts laborieux
des populations formaient autant d'autres éléments
de prospérité et de richesse.

Une notion néfaste mettait obstacle au progrès ;
c'était la notion de l'ingérence perpétuelle du pouvoir,
de la surveillance incessante ; elle provenait tout
autant de l'idée de supériorité des gouvernants et
du mépris qu'ils nourrissaient pour les gouvernés
que des besoins incessants d'argent dans lesquels ils
se trouvaient et de la nécessité de frapper d'impôts
tout ce qui pouvait en produire. L'industrie avait été
convertie en une série de monopoles. La pratique

(1) RAMBAUD, *L'empire grec au Xᵉ siècle*. Préface, p. XIV.

des organisations professionnelles avait été en usage
à Rome ; au II° siècle de notre ère, le gouvernement
avait même imposé, avec les plus dures conséquences, le caractère obligatoire et héréditaire, de façon
à faire du métier ou de l'art un véritable service
public. Le système s'était développé à un haut point
dans la plupart des villes de l'empire d'Orient.

A côté de cela, apparaissait la défiance de l'étranger. Les marchands étrangers obtenaient des privilèges, mais ils les payaient au prix de toute liberté
d'action. Confinés dans des quartiers déterminés des
villes, ils se voyaient soumis à d'innombrables mesures de police et traités constamment en suspects.
Leurs acquisitions étaient limitées ; ils ne pouvaient
acheter que certaines marchandises ; ils ne pouvaient
dépasser un chiffre fixé. Les agents de l'autorité
surveillaient, examinaient ; comme sanction de leurs
ordres et de leurs défenses, ils accordaient ou refusaient l'estampille impériale qui était exigée pour
l'exportation.

Quelques indications au sujet des monopoles industriels de l'empire byzantin permettront de porter un
jugement. Nous possédons, pour Constantinople
même, le *Livre du préfet*, édit de l'empereur Léon
VI le Philosophe, datant des premières années du
X° siècle ; il nous fait précisément connaître les
ordonnances relatives aux corporations de la capitale (1). Nulle part, l'organisation corporative n'a été
développée comme à Constantinople ; les collèges
professionnels, les unions d'artisans, de commerçants,

(1) *Le livre du préfet ou l'édit de l'empereur Léon le Sage sur
les corporations de Constantinople.* Traduction française du texte
grec de Genève par JULES NICOLE. Avec une introduction et des
notes explicatives.

d'artistes étaient autant de rouages de l'administration. Le grand maître de toutes les corporations était le préfet de la ville, représentant, cela va sans dire, l'empereur tout-puissant ; le recrutement, l'élection des chefs, tous les actes de chacune des unions reposaient sur lui, dépendaient de lui. Il dirigeait, il surveillait, il châtiait. Ainsi l'autorité publique était la maîtresse absolue ; elle fixait les achats de matière première ; elle imposait le mode de fabrication ; elle excluait les procédés industriels qui lui déplaisaient ; elle tarifait le bénéfice du patron et le salaire des ouvriers ; elle avait pour remplir ces multiples missions ses agents, ses espions, ses délateurs ; elle allait jusqu'à imposer la délation à tous les membres des corps de métiers. Les pénalités abondaient. « Amendes énormes, écrit M. Jules Nicole, confiscations, bannissement, flagellation, ablation complète de la barbe et des cheveux, voilà les recettes ordinaires. » Et à cela s'ajoutait une peine fort dure, la radiation du contrôle de la corporation, en d'autres mots la déchéance d'exercer l'art, le métier.

Est-il besoin de dire que la réglementation ne se bornait pas à la capitale, qu'elle s'était introduite dans les moindres villes, que partout où le gouvernement impérial établissait sa puissance, il imposait sa politique de restrictions, de prohibitions ? Le pouvoir central, du reste, se réservait la fabrication de certains articles ; il possédait des ateliers où le travail des esclaves était utilisé ; il gardait avec un soin jaloux le monopole du blé ; contre toute concurrence étrangère, il élevait les barrières d'une douane impitoyable dans ses exigences. Les guerres entreprises, il convient de le dire, pour la défense

de l'empire entraînaient d'immenses frais ; mais plus
encore que les guerres, les folles dépenses de la cour
et de l'administration absorbaient les ressources. Une
véritable armée de collecteurs, d'agents du fisc était
chargée de faire entrer dans le trésor des taxes
toujours plus lourdes. Impôt direct sur les propriétés
et sur les personnes, impôts sur les denrées, sur les
marchandises, sur l'industrie, impositions extraordinaires de tout genre, levée de soldats rachetable par
l'argent, levée de marins également rachetable, au
besoin impôts directs triplés à titre de pénalité, tout
cela écrasait littéralement les populations. Les
besoins menaient même à la mesure détestable des
altérations et de la dépréciation des monnaies ; un
moment vint où il y eut deux sortes de *nomismata*,
de sous d'or ; pour la rentrée des taxes, le fisc n'acceptait que la monnaie de poids supérieur ; quand il
faisait des paiements, il jetait dans la circulation
les monnaies de poids faible (1). L'issue fatale se
devine ; la ruine fut là et les ennemis du dehors ne
firent que la constater sans la provoquer. Le commerce byzantin périclita, l'industrie fut annihilée.

L'organisation des gouvernements de l'islamisme
offre plus d'une intéressante particularité. On possède à son sujet des renseignements suffisamment
précis grâce à des auteurs musulmans. Mawendi,
grand-juge à Bagdad dans la première moitié du
XI° siècle, a laissé sept ouvrages de droit public
et de droit administratif. D'autres écrivains ont
fourni des indications ; tels sont Suhrwerdi, Ibn

_____

(1) G. SCHLUMBERGER, *Un empereur byzantin au X° siècle, Nicéphore Phocas.* p. 538.

Khaldoun et Makrisi, qui s'occupe plus spécialement de l'Égypte.

Du reste, la pratique n'a pas seule été étudiée et
décrite. Le but même de la société politique a fait
l'objet des méditations des hommes d'État et des
philosophes mahométans. Ibn Khaldoun, historien
philosophe, mêlé aux grandes affaires de son temps,
insiste à différentes reprises sur la nécessité absolue
où sont les hommes de se réunir en société ; il
traite plus spécialement de ce qu'on entend par
omran, c'est-à-dire civilisation ; il montre les deux
théories qui se sont édifiées : l'une appuyant l'autorité sur une loi que Dieu a fait descendre du ciel
et à laquelle on se soumet dans la croyance qu'on
sera récompensé ; l'autre basant cette même autorité
sur un système d'administration inspiré par la
raison (1). Il passe également en revue les institu-

(1) Dans ses *Prolégomènes historiques*, Ibn Khaldoun expose la
philosophie de l'histoire en prenant comme objet de son étude le
genre humain considéré en société, c'est-à-dire en civilisation. Il
enseigne comment il y a là une science indépendante : l'objet, dit-
il, est spécial, c'est la civilisation de la société humaine ; des problèmes s'y rattachent, ce sont les accidents variés dont la civilisation est accompagnée par une suite de sa nature même. « Cette
science, ajoute le grand écrivain musulman, ne fait point partie de
la rhétorique dont l'objet est de faire des discours propres à gagner
le public pour une certaine opinion ou encore pour l'en dissuader.
Elle ne fait pas partie de la science de bien gouverner l'État, qui
donne aux familles ou à l'État une doctrine conforme aux lois de
la morale et de la philosophie. »
Ibn Khaldoun constate que cette science de la philosophie de
l'histoire peut être regardée comme une « science nouvelle ».
« J'ignore, dit-il, si aucun de tous les écrivains que je connais a
discuté cet objet, mais je ne le pense pas. Toutefois, il se pourrait
que l'on eût traité cette matière et qu'on l'eût épuisée sans qu'un
tel ouvrage fût parvenu jusqu'à nous ; car il y a tant de sciences
et les savants qui ont existé chez les diverses nations sont si nom-

tions économiques fondées pour atteindre le but de tout royaume, de toute communauté.

Faut-il prouver que les faits et les doctrines du monde islamique présentent leur utilité, et que celle-ci grandit si l'on songe au contact fréquent qu'eurent avec la culture arabe les populations chrétiennes ?

Il est un point à noter. Dans leurs conquêtes, les Arabes ne sont point simplement animés de l'esprit de destruction ; commerçants de longs siècles avant Mahomet, ils ne cessèrent jamais de se livrer avec ardeur au négoce et, dans les pays soumis à leur domination, ils conservèrent généralement les industries des peuples vaincus. « Le Levant d'Haroun al Raschid, observe Heyd, est bien plus riche et bien plus commerçant que le royaume d'Héraclius et de Justinien. Les califes surveillent l'agriculture et les manufactures, et ils les protègent (1). » La remarque s'applique à la plupart des pays conquis

breux ! Aussi, la quantité des sciences qui ne sont pas parvenues jusqu'à nous, surpasse-t-elle de beaucoup le nombre de celles que l'on nous a transmises. Où sont les connaissances des anciens Persans, qu'Omar (à qui Dieu pardonne) ordonna de détruire, bien qu'il fit la conquête du pays ? Où sont les sciences des Chaldéens, des Syriens, des Babyloniens avec tous les monuments et toutes les productions qui en ont été la suite chez ces nations ? Et où sont les sciences des Coptes, leurs prédécesseurs ? En effet, ce ne sont que les sciences d'une seule nation qui sont parvenues jusqu'à nous, c'est-à-dire celles des anciens Grecs, ce qu'il faut attribuer particulièrement au zèle que le calife Mamoum mit à les faire extraire des livres écrits en langue grecque, et à l'appui que lui prêtaient le grand nombre de ses traducteurs et les trésors dont il pouvait disposer en faveur d'une telle entreprise. Nous ne savons donc rien des sciences d'aucune nation, hors des Grecs. »

(1) HEYD, *Histoire du commerce du Levant au moyen âge*. Édition française publiée par FURCY RAYNAUD, t. I, p. 25.

par la race arabe. Les idées religieuses nouvelles
n'étaient nullement incompatibles avec l'activité
matérielle ; la conversion des « infidèles » était sans
doute l'un des mobiles de l'expansion ; mais à côté
de ce but se trouvaient d'autres buts non moins
désirables et parmi eux l'acquisition de richesses.
Mahomet admettait que les croyants fissent marcher
de pair leurs affaires de commerce et de pèlerinage ;
la visite des lieux sacrés s'accomplissait surtout
grâce à la caravane, et dans le langage des musulmans de l'Inde, la notion de pèlerinage et celle de
marché s'exprimaient par le même mot. Les routes
et les caravansérails du monde musulman, soigneu-
sement établis pour la sûreté des pèlerins et des
marchands, servaient même au maintien de l'ordre ;
ils étaient comme les « bras droits » de l'administration (1). Même quand les solutions belliqueuses
s'imposaient, l'esprit pratique conservait ses droits.
Sans doute, la guerre entraînait d'abominables
atrocités ; mais on a pu signaler les ménagements
pour les champs cultivés et pour les populations
pacifiques que, vainqueurs, les Arabes observaient ;
on a pu mettre en relief la prudence consommée
avec laquelle ils organisaient le régime nouveau.

Le trait caractéristique de la race sémitique est
le dédain de l'autorité politique, l'amour ardent de
la liberté. Sa vie véritable est la vie nomade, la vie
de la tente. Là, point d'institution impérative, point
de maître ; le « cheikh » n'est somme toute que le
premier entre des égaux ; il est élu par ses compagnons ; sa mission est une mission de conciliation

---

(1) R. THOMASSY, *Des caravanes de l'Afrique septentrionale.
Bulletin de la Société de géographie de Paris*, 2e série, t. XX,
pp. 141 et suivantes.

et d'arbitrage. La soumission aux décisions est un fait volontaire ; car toujours la minorité peut se séparer de la majorité et former une communauté nouvelle ; quiconque se croit lésé peut, sans forfaire au devoir, rompre les faibles liens qui le rattachent à l'ensemble et se réfugier dans l'isolement (1). C'étaient là les mœurs des Sémites primitifs ; ce sont encore là les usages des Bédouins de nos jours. A une époque donnée de leur évolution, plusieurs rameaux de la race sémitique fondèrent cependant des gouvernements. Par un extrait d'Ibn Khaldoun, nous avons indiqué comment les premiers Arabes justifiaient logiquement l'existence de la vie en société sous l'égide d'une autorité et proclamaient sa nécessité. Il est piquant de constater que sur le domaine de la théorie, l' « anarchie », qui constitue le fond même du génie arabe, trouva son expression et son affirmation. Dans les discussions des écoles, dans le choc des systèmes apparurent le besoin impérieux de l'indépendance, le farouche dédain de l'autorité, et Ibn Khaldoun nous montre cette société idéale, cette « cité parfaite », constituée en dehors de toute domination physique, de toute loi, de tout précepte humain, par les sages qui recherchent uniquement la perfection la plus grande de l'homme et que ne préoccupe aucune des mesquines considérations d'intérêt politique ou national.

L'influence musulmane sur le monde européen s'exerça notamment par les gouvernements qui s'élevèrent sur les côtes africaines de la Méditerranée.

---

(1) ÉLISÉE RECLUS, *Nouvelle géographie universelle*, t. IX *L'Asie antérieure*, p. 880.

L'Afrique septentrionale avait été conquise par les Vandales ; plus tard, l'autorité de Byzance y avait été rétablie par Bélisaire ; mais les Berbères avaient harassé par leurs incessantes attaques les populations de langue latine et s'étaient avancés menaçants. Au début du VII° siècle, les Goths d'Espagne s'étaient à leur tour jetés sur l'importante province de la Mauritanie Tingitane. Vers le milieu du même siècle, commença l'invasion des Arabes qui établirent leur domination sur les populations romaines et subjuguèrent les Berbères (1). La conquête du pays fut suivie d'une possession de deux cents ans ; puis, l'élément berbère, qui n'avait adopté de ses dominateurs que leur religion, recouvra son autonomie. En réalité, le caractère donné aux gouvernements qui se fondèrent sur plusieurs points, fut celui de sultanats arabo-berbères. Une partie de la population demeura nomade ; une autre partie devint sédentaire et celle-ci se constitua en déux groupes distincts : les « citadins » et les « militaires ». Les « militaires » étaient formés en *djonds*, divisions ou brigades, dans lesquels les guerriers étaient inscrits sur les rôles, avaient leur solde provenant du butin et des tributs, s'organisaient d'après la parenté.

Les gouvernements musulmans s'appuient, au point de vue religieux, sur la volonté de Dieu et sur l'obligation de maintenir son culte. Dans la pratique, ils se développent presque tous dans la même direction ; le prince possède de grands domaines productifs et se livre au négoce ; il perçoit des

---

(1) IBN KHALDOUN, *Prolégomènes historiques,* dans les *Notices et extraits des manuscrits de la Bibliothèque nationale et autres bibliothèques,* t. **XX,** p. 92.

impôts fixés par la tradition ; quand ces ressources
ne lui suffisent point, ses bureaux ont pour mission
de lui en procurer de plus amples. Dans les villes
se manifestent des courants démocratiques, souvenirs, dirait-on, de l'antique liberté du désert. En ce
qui concerne spécialement l'Afrique, on assiste à la
formation d'une véritable puissance municipale. La
population est diligente ; elle est, de plus, tout
aussi courageuse qu'habile au maniement des armes.
Les arts et les métiers fleurissent ; les corporations
forment autant de sociétés de protection mutuelle.
Point de règles écrites, mais sous l'action de la
coutume vigoureuse s'érigent des magistratures
électives (1). Au xiᵉ siècle, la prospérité de l'Afrique
septentrionale est grande, grâce surtout au commerce des grains, du sucre, de l'huile, à la fabrication des étoffes de laine et de soie, au trafic des
productions de Soudan et de l'intérieur du continent
noir.

Ibn Khaldoun acheva la composition de ses *Prolégomènes historiques* en 1378. A cette époque, les
divisions intestines, les rivalités dynastiques mena-
çaient d'une chute prochaine les gouvernements
arabo-berbères. L'habile politique ne cache point la
gravité de la situation ; il signale les fautes com-
mises ; il indique la voie qu'il aurait fallu suivre.
Beaucoup de ses critiques ont trait au régime financier. « Dans un empire jeune, dit-il, qui vient de
se fonder, les impositions sont légères et rapportent
beaucoup, mais quand l'empire tire vers la fin, elles
sont lourdes et rapportent peu. En voici la raison :

---

(1) Iɴ Khaldoun, *Histoire des Berbères*. Traduit de l'arabe par
le baron Mac Guckin de Slane, t. I. Introduction, p. xix.

si les fondateurs de l'empire marchent dans la voie
de la raison, ils n'adoptent que les impositions autorisées par la loi divine, c'est-à-dire la dîme aumô-
nière, l'impôt foncier et la capitation payée par les
juifs et les chrétiens. Or, la dîme de l'argent
monnayé est peu forte, comme chacun le sait (elle
était de deux et demi pour cent) ; celle des graines
et des troupeaux n'est pas lourde ; il en est de
même de la capitation et de l'impôt foncier. Or, le
taux de cet impôt est fixé par la loi et ne peut
être augmenté. » Ibn Khaldoun montre les besoins
de l'empire augmentant sans cesse et le souverain
cherchant continuellement des ressources. Il blâme
surtout un des modes usités par les princes musulmans. « Quand le revenu de l'empire ne suffit plus,
on cherche parfois à l'augmenter au moyen d'entreprises commerciales et agricoles qui se font au nom
du sultan. C'est là une erreur grave et nuisible
sous plusieurs rapports aux intérêts du peuple ;
on rend difficile aux cultivateurs et aux négociants
l'achat de bestiaux et de marchandises ; on se fait
céder à vil prix ; on ne peut écouler par des
ventes régulières ; on fait aux particuliers une
concurrence désastreuse quand déjà ils se font
concurrence jusqu'à la limite de leurs moyens ; dans
tous les cas, enfin, le prince perd considérablement
du côté du revenu. »

Précédemment, il s'était produit plus d'une époque
d'heureuse administration. Si l'on considère de près
le mécanisme gouvernemental de ces périodes où la
politique musulmane apparaît avec quelque avantage,
on constate dans chaque sultanat un certain nombre
de « divans » ou bureaux, créés à l'imitation des
bureaux des premiers califes. Sous Omar, furent

établis le « divan » des finances et la chancellerie de guerre, que d'autres bureaux complétèrent. Au XIᵉ siècle, dans la plupart des gouvernements mahométans, toute la besogne administrative était partagée entre quatre « divans » auxquels vinrent s'ajouter deux nouvelles divisions (1).

Le « divan » des finances tenait une grande place dans l'organisation des gouvernements araboberbères ; il était une des « trois colonnes » de l'organisation, car, comme on disait, « un royaume ne saurait se maintenir sans armée, sans argent et sans moyen de correspondre avec ceux qui sont au loin ». Ce divan, qui dirigeait les institutions financières, avait dans ses attributions l'administration de la douane. Les droits à l'entrée et à la sortie des marchandises constituaient le principal avantage que les sultans attendaient de leurs rapports commerciaux avec les étrangers, surtout avec les chrétiens. Ces profits n'étaient pas les seuls ; le prince était un des plus forts commerçants de son royaume, par la vente des produits de ses domaines autant que par les acquisitions qu'il faisait, pour sa maison et pour le gouvernement, de navires, d'armes, d'articles de manufacture d'Europe. La plus grande partie des opérations des marchands étrangers s'effectuaient même à la douane au moyen d'interprètes, et sous la responsabilité de la douane. Aussi, partout la direction de la douane était un des hauts emplois qu'occupaient des princes du sang ou des personnages considérables. La prépondérance de l'office apparaît si l'on songe que le directeur de

---

(1) Joseph von Hammer, *Ueber die Lænderverwaltung unter dem Chalifate*, pp. 93 et suivantes.

la douane, l'alcaïde ou le caïd, était le protecteur des étrangers dans leurs rapports avec les indigènes, qu'il suppléait au besoin les consuls de leur nation et que souvent il recevait du sultan plein pouvoir pour négocier les traités (1).

Lors de leurs conquêtes en Asie, les Arabes avaient emprunté aux Byzantins l'institution du bureau de la douane, qui se bornait alors à percevoir les droits et à faire les achats de matières brutes, surtout de soie, pour les ateliers de Constantinople, que dirigeait le trésorier impérial ; mais dans les gouvernements arabo-berbères, le bureau de la douane devint pour ainsi dire le ministère des affaires étrangères. C'est qu'en fait, la politique extérieure et la diplomatie se ramenaient généralement à la conclusion de conventions commerciales.

Les traités intervenus entre les souverains de l'Afrique septentrionale et les gouvernements chrétiens nous montrent les droits sur l'importation variant de 10 à 11 1/2 p. c. et les droits sur l'exportation fixés à 5 p. c. A ces taux s'ajoutaient des droits supplémentaires, droits d'interprètes, droit de portefaix, droit de balance, de pesage, de mesurage, de magasinage, qui donnaient lieu fréquemment aux plaintes et aux réclamations. Pour certaines catégories de marchandises, il y avait des exemptions totales ou partielles que les gouvernements musulmans concédaient en vue de favoriser le commerce. Cela se modifiait selon le pays et selon l'époque. Assez généralement entraient dans les ports africains sans payer de droit le blé, l'orge

---

(1) L. DE MAS LATRIE, *Traités de paix et de commerce et documents divers concernant les relations des chrétiens avec les Arabes de l'Afrique septentrionale au moyen âge*, p. 186.

et, dans la règle, toutes les céréales ; l'or et l'argent destinés au prince ou à son hôtel des monnaies ; les bijoux, les perles fines et tous les articles vendus directement au sultan ou achetés à la douane pour son compte ; les navires, les barques, les agrès maritimes vendus à des Arabo-Berbères ou à des alliés chrétiens. L'or et l'argent monnayés ne payaient que demi droit. Rien n'était réclamé pour les ventes opérées entre les chrétiens de toutes sortes de marchandises amenées dans les ports ; la douane se bornait à transférer l'inscription au nom du nouveau propriétaire.

Des principes, des règles, des pratiques de l'administration byzantine et de l'administration arabe se retrouvent dans les communautés politiques fondées en Orient par les croisés, dans les villes italiennes et dans cette construction curieuse, la monarchie normande de Sicile. Au premier rang des revenus de la royauté de Jérusalem figurent les droits de douane perçus sur les marchandises à l'entrée et à la sortie des villes ; une autre source de profits est fournie par les fermes ou monopoles de certaines industries. L'autorité surveille la fabrication ; certains produits doivent être « bullés », c'est-à-dire timbrés, avant d'être mis en vente. Nous aurons l'occasion de constater par les faits mêmes l'influence byzantine et arabe sur plus d'une république italienne. Quant à l'action de l'un et de l'autre régime sur la Sicile normande, elle apparaît dans la plupart des institutions administratives et économiques.

Dans le sud de l'Italie et en Sicile, le contact des races s'est opéré de tout temps. Là s'édifièrent les

comptoirs des Phéniciens et des Carthaginois, leurs
héritiers ; là s'établirent les colonies des cités helléniques de l'Asie Mineure et des villes de la Grèce
continentale. Une civilisation brillante y régna,
féconde en hommes considérables dans l'histoire de
la pensée et de l'action. Quand l'empire romain eut
succombé, Byzance parvint à exercer sur ces pays
son influence ; si le lien politique était relâché, les
principautés et les républiques qui se formèrent dans
les thèmes de Calabre et de Longobardie et dans la
Sicile n'en étaient pas moins animées du génie grec.

Au viie siècle, la Sicile fut une première fois attaquée par les musulmans ; l'ennemi venait de l'est ;
au ixe siècle, l'île devint l'objectif des expéditions
des Arabes d'Afrique. C'était la période glorieuse du
développement maritime que devait plus tard rappeler Ibn Khaldoun quand, dans ses *Prolégomènes
historiques*, il montrait « l'islamisme constitué en
empire, et les musulmans subjuguant toutes les contrées qui bordent la mer Romaine par la puissance
de leurs flottes », et quand il dépeignait ces flottes
« s'acharnant sur celles des chrétiens, ainsi que le
lion s'acharne sur sa proie ».

En 831, les Arabes d'Afrique s'emparaient de
Palerme ; peu à peu ils étendirent leurs conquêtes,
non sans rencontrer d'héroïques résistances et non
sans avoir à lutter contre les secours qu'envoyait
aux populations chrétiennes le gouvernement de
Constantinople.

Pour l'Italie méridionale, comme pour la Sicile,
s'ouvrit une ère d'agitations, de luttes, d'affirmations
de puissance d'éléments divers.

Sur le continent, guerres entre les Byzantins et
les rois allemands, révoltes du groupe féodal des

vassaux longobards, des princes de Palerme et de Capoue, des villes grecques, interventions fréquentes des Sarrasins comme alliés, ou bien encore incursions hostiles, pillages, ravages. Puis, survint cet événement inattendu, l'assistance prêtée par des chevaliers normands contre les Sarrasins et contre la puissance byzantine. La domination des empereurs de Constantinople sur l'Italie s'effondrait, la féodalité s'établissait dans le sud de ce pays, enfin, dans la Sicile, conquise par les fils de Tancrède de Hauteville, se formait une monarchie dans laquelle les institutions byzantines et arabes se mêlaient à des créations nouvelles, et que devait modifier et compléter la politique de l'empereur Frédéric II.

L'élément berbère presque tout autant que l'élément arabe avait pris part à la conquête de la Sicile ; quand celle-ci fut achevée, il n'y eut point entre les deux races de différence légale ; mais, en fait, la division se maintint et engendra la jalousie, cause de faiblesse qui venait s'ajouter à ces autres causes, minant partout l'autorité des gouvernements mahométans, les factions politiques, les schismes religieux et les sectes qui participaient à la fois de la faction et du schisme (1).

Palerme fut repeuplée de musulmans d'Afrique et d'Espagne, et pendant deux siècles et demi elle figura parmi les plus importantes cités de l'islamisme. Elle était la résidence des émirs de Sicile, fonctionnaires du calife, et de ce centre d'opérations, la domination de l'élément mahométan s'établit sur les autres territoires de l'île. En 900, les Byzantins perdirent Taormine, la dernière ville demeurée en leur

(1) AMARI, ouvrage cité, t. II, p. 97.

possession. Au commencement du xiᵉ siècle, les
empereurs de Constantinople prirent l'offensive ; divi-
sés entre eux, déchirés par les rivalités et par les
dissentiments religieux, les Arabo-Berbères furent
vaincus en de nombreuses rencontres ; puis, ils parvinrent à ressaisir l'ancienne énergie. Une deuxième
fois, la domination mahométane s'affirma ; cependant
le triomphe fut de courte durée ; la conquête normande y mit fin.

Durant la période où la Sicile se trouva occupée
par les musulmans, tantôt dans la presque totalité de
son territoire, tantôt sur quelques points seulement,
la condition des populations chrétiennes soumises au
joug étranger fut diverse ; les unes subissaient
un régime fort dur, les autres devaient simplement
payer tribut et conservaient leur existence à peu
près autonome. Les vainqueurs se partageaient en
des classes très distinctes ; d'un côté, une aristocratie guerrière de sang arabe, et des professions let-
trées dont les membres étaient généralement d'origine
persane ; d'un autre côté, les Berbères, ayant conscience de leur valeur militaire et de leur nombre.
Ces derniers maintinrent plus ou moins complètement
l'organisation démocratique sous des chefs électifs.

Le lien politique qui, au début, unissait les Arabo-
Berbères au califat, fut bientôt rompu ; l'émir de
Palerme se proclama indépendant ; à son tour,
l'aristocratie arabe repoussa les prétentions de l'émir
et la Sicile comprit ainsi un certain nombre de cités
régies par les grandes familles. La *gemâ*, l'assemblée
des nobles, des docteurs, des chefs de corporation,
gouvernait ; un comité exécutif était spécialement
chargé de l'expédition des affaires. C'était la *gemâ*
qui fournissait les ressources financières que les

douanes ne pouvaient procurer ; elle procédait surtout par des dons volontaires.

Au-dessous de l'administration municipale se trouvaient l'organisation des quartiers et les subdivisions habituelles d'arts et de métiers, formant autant de congrégations dont les membres étaient unis par la responsabilité et la solidarité.

La Sicile musulmane s'éleva à un haut degré de prospérité matérielle ; l'agriculture, l'industrie et le commerce l'enrichissaient ; florissant était le développement intellectuel ; poésie, mathématiques, géographie, astronomie, médecine, droit étaient ardemment cultivés. Le droit surtout était étudié avec prédilection. Tout le système juridique des musulmans est tiré du Coran, « le livre », et de la Sounna, « le recueil des actes et des paroles de Mahomet », et la notion même du droit montre comment celui-ci est encore enchevêtré dans les préceptes de morale et de religion : « La jurisprudence, dit Ibn Khaldoun, est la connaissance des jugements portés par Dieu à l'égard des diverses actions des êtres responsables. »

D'importants personnages s'adonnaient à l'enseignement de la science juridique, dont la connaissance menait d'ailleurs à presque toutes les grandes situations de l'administration et de la politique ; une remarque mérite d'être faite : presque tous les auteurs musulmans dont le nom a été transmis à la postérité, avaient étudié le droit. Le grand dictionnaire biographique rédigé au milieu du xiii° siècle par Ibn Khallidân est instructif sous ce rapport. Du reste, insistons sur ce point : religion, science en général, droit s'entremêlaient et se tenaient dans la pratique et dans la théorie.

Qu'on n'oublie pas combien est fondée la réflexion d'Ibn Khaldoun : « L'épée et la plume sont deux instruments dont le souverain se sert dans la conduite de ses affaires. Dans la période de croissance de l'empire et dans sa période de décrépitude, il a besoin plus de l'épée que de la plume, mais quand l'autorité est établie, ce sont les hommes de plume qui sont le plus utiles. » Sans parler des hautes dignités que les gens de loi occupaient dans les communautés politiques musulmanes pour l'administration de la justice et la direction des affaires générales, signalons le nombre considérable de « kâtibs », de « scribes », employés les uns comme copistes, les autres comme receveurs des impôts, des dîmes et des fermes établies sur les grands domaines que tous les gouvernements arabes s'attribuaient et se réservaient lors des conquêtes et qu'ils donnaient en location.

CHAPITRE II.

LA SICILE NORMANDE ET LE GOUVERNEMENT DE FRÉDÉRIC II.

C'est en 1006 que des galères d'Amalfi amenèrent à Salerne des pèlerins normands, venant de Palestine. La ville avait payé rançon aux Sarrasins campés dans le voisinage ; les Normands attaquèrent les musulmans et les défirent. Quelques années plus tard, le prince de Salerne était en guerre avec les Byzantins ; il fit appel aux compatriotes de ceux qui, une première fois, avaient sauvé ses possessions. A cet appel répondirent des bandes d'audacieux aventuriers parmi lesquels se trouvaient les fils de Tancrède de Hauteville.

Le succès sourit aux Normands, qui formèrent bientôt dans le pays qu'ils avaient délivré une sorte d'aristocratie militaire ; douze chefs de la petite armée s'étaient vu attribuer le commandement de différentes villes ; Melfi devint leur capitale, et à Guillaume de Hauteville fut reconnue une véritable primauté entre égaux. En 1059, ce dernier obtenait du pape le titre de duc. En 1061, les Normands traversaient le détroit et commençaient la conquête de la Sicile. Il y eut de longues années de combats ; en 1090, Palerme tomba au pouvoir des envahisseurs et dans la première moitié du xii⁰ siècle, sous le règne de Roger II, le régime nouveau fut solidement établi...

On a pu signaler dans l'action des populations scandinaves une des causes du prodigieux mouvement qui s'est manifesté en Europe vers le milieu du moyen âge. Le fait est que cette action fut extra·ordinaire et qu'elle se produisit sur presque tous les points du continent : pas de pays, pour ainsi dire, qui n'ait été exposé à leurs expéditions guerrières, qui ne se soit trouvé en contact avec leur rude énergie, qui n'ait subi, même au prix de la souffrance, l'influence finalement bienfaisante, si l'on en calcule tous les résultats, d'une indomptable volonté. A jeter un coup d'œil sur les événements, on constate que par les fleuves de la Russie, des Scandinaves arrivent jusqu'à la mer Noire et à travers le Bosphore jusqu'à la Méditerranée, tandis que d'autres aventuriers, leurs compatriotes, y pénètrent, véritables essaims, par les mers du Nord, l'Atlantique et le détroit de Gibraltar. Sur différents points les vigoureux et intrépides guerriers fondent de solides gouvernements. Sans insister sur les communautés des pays scandinaves et de l'Islande, on peut mentionner les royaumes russes que régissent des nobles scandinaves ; la domination des Septentrionaux sur les îles situées au nord de l'Écosse, sur une partie de l'Angleterre, sur la terre française qui prit le nom de Normandie ; le régime qu'ils constituèrent au sud de l'Italie et en Sicile.

Roger II établit l'édifice sans détruire les fondements byzantins et arabes, en les améliorant même et en les consolidant grâce à son talent d'organisateur. La société politique nouvelle comprit ainsi la noblesse immigrée, et ne cessa nullement d'utiliser les ressources qu'offraient l'élément grec et l'élément arabo-berbère. D'ailleurs, dans plus d'une partie de l'île, des dispositions expresses consacrèrent le droit des musulmans de se régir d'après leurs lois ; la sagesse du vainqueur sut respecter les us et coutumes de la population grecque ; l'élément juif jouit de la protection de l'autorité ; les privilèges des étrangers furent maintenus ; et, point très important, dans un pays où se rencontraient plusieurs grandes religions, la tolérance religieuse régna. L'historien Freeman a pu noter qu'au xiie siècle, la Sicile était la seule partie du monde où régnait dans le sens le plus strict l'égalité confessionnelle. « Roger à Palerme, écrit-il, rappelle Théodoric à Ravenne. » Le fondateur de la monarchie des Goths en Italie, régnant sur les adeptes du paganisme, de l'arianisme et du catholicisme, avait, en effet, au début du vie siècle, donné à l'Italie la paix de religion.

On a vanté avec raison la merveilleuse habileté des rois normands, leur perspicacité, leur modération dans la victoire ; les annales de leur règne forment les plus belles pages de l'histoire sicilienne. Plusieurs lois de Roger II nous sont connues par le recueil de Frédéric II ; elles sont empreintes de grande sagesse. Les fruits de cette politique étaient là d'ailleurs qui plaidaient en sa faveur. La sécurité, la prospérité dont jouissaient alors la Sicile et l'Italie méridionale frappent d'étonnement. Les richesses matérielles s'accumulaient par le négoce tout autant que par l'industrie, et la sollicitude des gouvernants introduisit même une fabrication importante, celle de la soie, dont la Grèce jusqu'alors avait le monopole. A la suite d'une expédition dans les possessions de l'empire byzantin, Roger se fit attribuer comme prisonniers de guerre d'habiles ouvriers de Corinthe et de Thèbes qu'il amena en Sicile, afin de répandre parmi ses sujets les procédés de la sériciculture.

Aux richesses matérielles s'ajoutait un grand pro·grès intellectuel et artistique provoqué surtout par l'évolution moitié orientale, moitié chrétienne, et par la fusion des qualités brillantes ou robustes que présentaient les diverses races. A cette cour de Palerme figuraient les savants musulmans et les clercs les plus instruits d'Italie, de France et d'An·gleterre, à côté de doctes Byzantins et de juifs industrieux et actifs ; sur tous s'étendait la bienveil-lance royale. Le mélange de races, de civilisations, de religions amena même une situation toute parti-culière : l'adoption des mœurs orientales par plus d'un des princes normands, la vie de luxe et d'opu-lence, le harem, les eunuques, et finalement la garde sarrasine veillant à leur sûreté.

Les aptitudes gouvernementales des Normands fu-rent mises à profit, mais il est évident que le pouvoir royal se réserva dans l'exécution du plan nouveau une part trop large. Quoiqu'il en soit, un parlement féodal des barons du comté de Calabre et de Sicile avait été réuni à Messine, dès 1113, par la comtesse régnante Adelaïde ; un autre parlement fut tenu à Salerne, en 1129, où la dignité royale fut décernée à Roger II ; une nouvelle réunion eut lieu à Palerme, en 1130, où il fut couronné (1). On cite une qua-trième assemblée. Le parlement se composait d'abord de deux « bras » ou chambres, le « bras » du clergé et celui de la noblesse ; les communes ne tardèrent pas à former un troisième « bras ».

---

(1) FRANÇOIS LENORMANT, *La Grande-Grèce. Paysages et histoire. Littoral de la mer Ionienne*, t. II, p. 435.

La plupart des villes importantes parvinrent à échapper à l'influence du régime féodal que la conquête avait introduit et auquel elle avait ajouté le correctif d'une autorité centrale fortement organisée. Les conventions intervenues entre les Normands vainqueurs et les différentes villes garantissaient généralement à celles-ci le régime municipal, legs de la civilisation romaine que la domination byzantine avait conservé. Ainsi se maintinrent les « communes » ayant leur personnalité, se dirigeant par leurs propres magistrats.

La population des campagnes fut moins heureuse : elle se vit presque entièrement réduite en servage ; les familles étaient inscrites sur des rôles, comprenant celles qui appartenaient aux seigneurs et celles qui étaient attachées, enchaînées au domaine royal. Ce travail paraît avoir été terminé en 1093 ; il n'est donc point l'œuvre de Roger II, et une considération peut l'expliquer sans évidemment le justifier. Il y avait là non pas uniquement l'action des nouveaux dominateurs, mais la régularisation d'un état de choses qui s'était déjà manifesté dans tout l'empire byzantin, au IX° et au X° siècle surtout. Il s'agit de la formation dans les diverses provinces d'une riche et puissante aristocratie militaire. C'étaient les *archontes* ou *phylarchoi*, les *dynatoi* ou *plousioi*, qui finirent par absorber toute la propriété du sol en spoliant la classe des petits propriétaires, en la ruinant par l'usure, en l'asservissant à une sorte de lien féodal (1). N'oublions pas que lorsque, au commencement du XIII° siècle, les Français pénétrèrent en Morée, ils y trouvèrent une noblesse qui possé-

(1) FRANÇOIS LENORMANT, ouvrage cité, t. II, p. 409.

dait jusqu'aux droits exagérés de la féodalité et
même le droit de guerre privée.

A la mort de Roger II, Guillaume Ier monta sur le
trône ; à celui-ci succéda le « bon roi Guillaume »,
« le prince qui faisait fleurir la justice et les lois,
qui donnait à tous paix et sécurité ». Guillaume le
Bon mourut en 1189 ; l'héritière de ses droits à la
couronne, la princesse Constance, avait épousé le fils
de Frédéric Barberousse, qui devint empereur sous
le nom de Henri VI ; de l'union est issu un des hommes les plus étonnants du moyen âge, Frédéric II.

Une face de l'action de ce dernier nous intéresse
seule, savoir sa politique dans son royaume de
Sicile, c'est-à-dire dans le sud de l'Italie et dans l'île
de Sicile. Cette politique aboutit à la formation d'un
type de gouvernement inconnu jusqu'alors dans l'Europe occidentale ; la puissance des seigneurs, la
domination de l'Église, l'autonomie des municipalités
faisaient place à l'absolutisme royal ; les organismes
divers, répondant aux diverses manifestations de l'activité, disparaissaient devant l'État. A tout prendre,
l'institution nouvelle était plutôt malfaisante ; elle
était dirigée contre la liberté ; elle envisageait la
nation comme une multitude dépourvue de toute
initiative et à laquelle on contestait la faculté de
faire prévaloir une volonté quelle qu'elle fût.

Frédéric II travailla avec une habileté extraordi-
naire à la réalisation du plan qu'il avait conçu ; à
un moment donné, il s'y consacra presque tout entier,
confiant à ses fils l'exercice du pouvoir au nord des
Alpes, et à son légat Ezzelin la direction des affaires
dans l'Italie septentrionale. Ce qu'il pouvait y avoir
de politique libérale dans le régime inauguré par
ses ancêtres maternels, les rois normands, convenait

médiocrement au génie du prince qu'avait séduit la civilisation musulmane et dont l'idéal était le gouvernement d'un sultan puissant, maître absolu de ses sujets, veillant à leur prospérité, accomplissant ses volontés dans l'intérêt de tous. On ne peut, sans doute, méconnaître la grandeur et l'élévation du but ; mais il n'en est pas moins vrai que pareille politique menait à un despotisme effrayant, qui s'étendait à toutes les manifestations de la pensée et de l'action. La filiation des théories du grand empereur se trouve aisément ; elles se rattachent aux Arabes ; aussi les contemporains ne s'y trompèrent pas. « Les hommes de ce siècle, dit M. Gebhart, y reconnurent sans peine une inquiétante imitation de la politique des califes, une conception toute musulmane du gouvernement. (1) »

Ainsi furent édictées des mesures hostiles à toute notion d'une existence plus ou moins indépendante de la noblesse, du clergé ou des villes. La haute aristocratie se vit dédaigneusement écartée ; six ministres pris dans les rangs des notaires de la cour impériale devinrent les agents du chef du gouvernement ; les prétentions de l'épiscopat furent battues en brêche et la légitimité de sa juridiction fut contestée ; les capitulations qui avaient garanti aux villes leurs privilèges furent interprétées dans un esprit étroit, penchant constamment à les restreindre le plus possible et même à les nier audacieusement.

Sous la poussée irrésistible de la logique, Frédéric II en vint à vouloir unir la primauté spirituelle à la toute-puissance temporelle ; dans sa lutte contre

(1) E. GEBHART, *L'Italie mystique. Histoire de la renaissance religieuse au moyen âge*, p. 145.

la papauté, il se déclara supérieur en sainteté au chef de l'Église ; il se proclama plus apte que lui à remplir les fonctions de vicaire de Jésus-Christ. L'adepte de l'averroïsme, l'homme que ses contemporains accusaient d'avoir composé un livre blasphématoire traitant comme autant d'imposteurs les fondateurs de trois grandes religions, tentait de donner à l'Occident un véritable culte nouveau, l'empereur honoré comme l'incarnation du Dieu vivant (1).

En 1231, furent promulguées les *Constitutions augustales*, compilées par le chancelier Pierre de la Vigne, avec l'assistance de deux jurisconsultes, Roffredo de Bénévent et Taddeo de Sessa (2). Le recueil comprenait des règles de droit public, de droit civil, de droit criminel, des dispositions concernant les matières féodales, les finances, le commerce, les poids et les mesures ; à tout cela s'ajoutaient de continuelles affirmations des droits de l'autorité royale et d'atroces pénalités contre quiconque osait la méconnaître.

Si l'on examine plus spécialement la politique commerciale de Frédéric II, on constate qu'elle tend constamment à élargir les attributions du pouvoir central. Celui-ci se réserve le monopole de la vente de certains articles, comme le sel, le fer, l'acier, la soie ; il établit pour d'autres un système prohibitif ; selon les circonstances, il édicte des réductions sur les droits d'exportation des blés et des grains. A l'occasion, l'autorité se charge d'enseigner à ses sujets de sages idées ; un document nous montre

_____

(1) HUILLARD-BRÉHOLLES, *Opera diplomatica Frederici II.* Introduction, pp. ODXCVII et suivantes.

(2) FRANÇOIS LENORMANT, *A travers l'Apulie et la Lucanie. Notes de voyage*, p. 84.

l'empereur engageant ses agents à faire comprendre
aux populations l'utilité qu'offrent certaines concessions faites aux marchands d'autres pays. L'agriculture est d'ailleurs encouragée ; la circulation des
produits est facilitée par l'abolition des douanes intérieures ; des fermes modèles sont établies ; des colons
lombards sont appelés dans le royaume et l'immigra-
tion des étrangers est favorisée notamment par
l'exemption décennale de toute taxe (1). La sollicitude du pouvoir s'étend sur les affaires extérieures.
« Par le cadastre et l'impôt sur la consommation,
dit M. Gebhart, par le monopole du sel et des métaux, il remplit son trésor ; il est l'armateur privilé-
gié pour les ports de la Méditerranée ; il retarde le
départ des navires qui ne portent point ses marchandises. (2) » Un office important avait été établi dès
les premières années de la monarchie normande,
celui de grand amiral ; des instructions de Frédéric II précisent ses attributions, parmi lesquelles
figurent la surveillance et la police des mers, la
poursuite des pirates, la réglementation de la course
qui ne peut se faire dorénavant que moyennant
l'autorisation concédée par le prince.

Frédéric II se complut dans l'organisation du
régime financier. A la tête des provinces furent
placés des « maîtres camériers » ayant sous leurs
ordres les procurateurs du domaine et des réunions
au domaine, des « camériers inférieurs », des collecteurs, des trésoriers. Les maîtres camériers, qui
avaient notamment dans leurs attributions les douanes, les domaines, les redevances, les fermes, appli-

(1) É. GEBHART, ouvrage cité, p. 115.
(2) HUILLARD-BRÉHOLLES, ouvrage cité. Introduction, p. CDXVI.

quaient directement les fonds qu'ils recevaient au
paiement de divers services. Le même système était
suivi pour l'emploi du revenu des impôts directs. .
Le reliquat des recettes était versé à la chambre
royale (1). Ces diverses opérations étaient surveillées
avec soin et une cour des comptes revisait l'administration financière.

Les taxes, fort nombreuses, se ramenaient aux
deux sortes d'impôt, l'impôt direct ou personnel et
l'impôt indirect ou perçu sur les objets de consommation. Aux droits anciens l'empereur avait ajouté
des taxes nouvelles qui pesèrent lourdement sur les
contribuables. Sous la dynastie normande et surtout
sous Guillaume le Bon, les dépenses n'avaient
pas été trop considérables ; la paix avait régné
assez longtemps. Sous Frédéric II, la politique extérieure et les frais de l'administration amenèrent une
véritable gêne. La solde et l'entretien des mercenai-
res sarrassins ou allemands coûtaient fort cher ; les
fonctionnaires avaient des gages excessivement élevés. Pour emprunter l'exemple à Huillard-Bréholles,
le grand amiral avait une once d'or par jour, et
l'once d'or représentait une valeur intrinsèque de
63 francs et 20 centimes. En 1240, on ne pouvait
recruter des sergents d'armes dans la Terre de
Labour qu'au prix d'un quart d'once par mois,
encore les frais de la nourriture étaient-ils en dehors
de la solde (1).

L'œuvre de Frédéric II lui survécut en partie.
D'ailleurs, en dehors de la Sicile et de l'Italie méridionale, elle servit plus d'une fois de modèle aux
gouvernements tyranniques qui se formèrent à la fin

---

(1) HUILLARD-BRÉHOLLES, ouvrage cité, p. CDXX.

du XIII° et dans le cours du XIV° siècle et auxquels sa centralisation caractéristique semblait à la fois logique et féconde en utiles résultats. Au protagoniste du despotisme éclairé se rattachèrent ainsi ces types remarquables de « tyrans » italiens qui, à des centaines d'années de distance, frappent d'étonnement par la farouche énergie et l'implacable volonté avec lesquelles ils réalisent, sans se préoccuper des moyens, le but qu'ils assignent à la vie sociale. A lui aussi se ramenaient certaines des mesures prises par les républiques au point de vue économique, administratif et financier. Mettant à profit l'expérience tentée, se livrant eux-mêmes à des expériences nouvelles, les gouvernements des « tyrans » et les gouvernements des « communes » produisaient un esprit, une forme jusqu'alors inconnus. Un mot désigna la création, c'était le mot « État », au sens primitif de *stato*, entourage du prince ou du chef, impliquant bientôt la notion de personne juridique, dominatrice absolue, ayant une mission supérieure et contre laquelle ne pouvaient prévaloir ni les considérations de la justice ni celles de la morale. L' « État » apparaissait presque toujours égoïste, oppressif, ayant pour principal souci l'écrasement de quiconque barrait sa voie ; parfois cependant, reconnaissons-le, il était comme le produit de la réflexion et de la sagesse ; il était alors, pour employer le terme, une véritable œuvre d'art.

CHAPITRE III.

LES VILLES AU MOYEN AGE.

Dans ses *Prolégomènes historiques* Ibn Khaldoun donne du ζωόν πολιτίκον d'Aristote l'explication ingénieuse d'après laquelle le grand philosophe désignerait l' « homme habitant la ville » par opposition au nomâde. La mission par excellence de l'humanité serait ainsi la constitution de cités. Certes il est superflu d'invoquer de multiples arguments pour prouver que l'œuvre de la civilisation s'est, avant tout, accomplie dans les villes et nous pouvons nous contenter de montrer le témoignage irrécusable qu'apporte, à ce sujet, l'époque médiévale. Celle-ci, en effet, vit les communes assumer pendant plusieurs siècles la direction même du progrès et lutter vaillamment pour la conquête des grands biens de la civilisation. Leur rôle fut remarquable ; elles empêchèrent la formation de régimes théocratiques, pareils à ceux qui se développaient en Orient ; elles mirent obstacle au triomphe du despotisme militaire ; dès que la liberté s'est trouvée menacée, leurs populations se sont levées pour sa défense. Grâce à elles, le mouvement de centralisation qui se produisit au xv⁰ siècle et dont les effets se constatèrent par un recul des idées d'indépendance politique, ne put aboutir de façon complète ; l'opposition fut suffisamment forte et suffisamment solide pour briser partiellement au moins l'agression des théories despotiques et pour assurer à l'idée libérale de nouveaux défenseurs (1). Deux belles qualités surtout se manifestèrent dans le développement communal : la vigoureuse initiative et l'absolue confiance dans la justice ; les villes du moyen âge firent même ce que n'avait point fait l'antiquité ; elles ennoblirent le travail.

Les origines de la ville médiévale sont obscures ; plusieurs théories ont été suggérées ; la vérité est que nous ne possédons point les documents qui permettraient de saisir sur le vif, du VII° au XI° siècle, les manifestations initiales. Une chose semble certaine : la communauté de village, qui est non point comme on l'a supposé longtemps un phénomène particulier à la race slave ou à la race germanique, mais un phénomène général se produisant à une époque déterminée chez toutes les populations qui parviennent à la civilisation, la communauté de village, disons-nous, s'élargit, se développe. Les groupes s'attachent leurs membres par les liens de la solidarité et de l'assistance mutuelle ; ils se relient à leur tour à d'autres groupes.

Dans les cités médiévales apparaissent ainsi presque partout deux genres de fédérations ; les chefs de ménage sont unis, au point de vue territorial, en voisinages, en quartiers, en paroisses ; ils sont unis, au point de vue professionnel, en gildes, en corporations. M. Pierre Kropotkine signale dans la première forme de ces fédérations le produit de la primitive communauté de village ; il montre dans

---

(1) PIERRE KROPOTKINE, *Mutual aid in the medieval city*, dans le *Nineteenth Century*, t. XXXVI, p. 198.

la seconde l'effet de conditions nouvelles d'existence.

Le lent et persistant travail de la communauté de village se manifeste même au delà de la sphère d'action des villes. Comment expliquer autrement le développement graduel qui s'opère dans l'histoire de l'humanité, les nations s'affirmant et se fixant pour ainsi dire longtemps avant qu'il y ait une apparence d'État dans la partie de l'Europe foulée par les Barbares ? Elle est exacte la réflexion du savant publiciste disant qu'au moment où les États furent appelés à la vie, ils ne firent que prendre possession dans l'intérêt de la minorité de toutes les fonctions économiques, administratives, judiciaires, déjà exercées dans l'intérêt de tous par la communauté de village, sous la poussée vers l'assistance mutuelle (1).

Au surplus lorsque de nouvelles constructions politiques couvrirent l'Europe, qu'à partir du xvᵉ siècle les monarchies se complétèrent, et que les entités nationales parvenues au complet développement interne prétendirent exercer au dehors leur légitime influence, l'ancienne communauté de village, sous des formes variées, continua longtemps à remplir une utile mission. Elle était au fond de nombre d'institutions ; elle constituait dans presque tous les pays la protection des populations des campagnes, dépourvues généralement de l'action politique que les villes possédaient grâce à leur représentation dans les grandes assemblées nationales. L'association primitive, ne l'oublions pas, dut nécessairement se modifier ; à l'aube des civilisa-

(1) PIERRE KROPOTKINE, *Mutual aid among the Barbarians*, dans le *Nineteenth century*, t. XXXI p. 122.

tions le groupement avait été instinctif ; lentement il devint conscient ; il aboutit enfin au mouvement réfléchi, moral, intellectuel.

Au point de vue économique, l'histoire de certaines villes fournit des indications précieuses sur l'agencement que nous signalons ; les groupes dont la juxtaposition formait la cité, avaient leur personnalité comme producteurs et comme négociants.

A Venise, chacune des îles fut longtemps une communauté indépendante acquérant les vivres et les matières premières, les partageant entre ses membres. Dans les villes lombardes existait la division en quartiers. Dans les villes du nord et du centre de l'Europe, les « voisinages » possédaient une mission propre, une sphère d'action distincte. En Russie, les cités avaient leurs rues indépendantes. Au besoin, l'ensemble, la ville entière, vendait les produits comme elle achetait les marchandises nécessaires à ses habitants. Les marchands étaient souvent les simples commissionnaires de la communauté urbaine ; les villes russes de Novgorod et de Pskof avaient leurs caravanes ; Venise possédait ses navires du gouvernement entreprenant des expéditions « officielles » et n'admettant qu'assez tardivement la concurrence des particuliers. La personnalité urbaine apparaît même dans le domaine juridique quand déjà des monarc s puissantes se sont formées, et qu'un pouvoir central s'est superposé aux diverses communes du même pays. La cité de Londres offre sous ce rapport un exemple intéressant ; elle forma jusqu'au xive siècle ce qu'on pourrait appeler un État distinct, au point que la paix du roi proclamée dans son enceinte ne s'étendai' pas au reste du royaume. Ainsi s'explique que de nos jours encore son lord maire et ses aldermen sont « parties » à la proclamation du nouveau souverain (1).

A tout cela, ne l'oublions pas, s'ajoutait l'institution des corporations, des gildes, qui se rattachait même à la conception religieuse que se faisait le moyen âge et dans laquelle la ville envisagée comme un ensemble recevait, à titre de fief, la possession des métiers et la production des richesses.

La notion de la solidarité pénétrait l'organisation urbaine du moyen âge, comme elle a pénétré d'ailleurs toutes les anciennes communautés. Les « bourgeois » avaient droit à la protection de leurs pairs, mais ils répondaient à leur tour pour ceux-ci. En un sens, la civilisation tend à libérer des charges qu'entraîne le fait d'appartenir à une même société politique ; le droit à l'assistance demeure debout ; la responsabilité des faits et des actes d'autrui disparaît. Le mouvement ne s'accomplit même pas aussi rapidement qu'on serait tenté de le croire ; au milieu de notre siècle, un traité conclu entre la Grande-Bretagne et le Mexique doit disposer que les compatriotes d'un débiteur ne seront pas responsables de dettes auxquelles ils n'auront point de part.

La cité médiévale ne se borne point au rôle d'une organisation protectrice de certaines libertés ; elle est, comme le dit si bien M. Pierre Kropotkine, une tentative pour organiser sur un théâtre plus vaste que la communauté de village, l'union pour

(1) Sir Francis Palgrave. *Rotuli curiæ regis. Rolls and Records*, t. I, Introduction, p. xcvii.

le travail, pour la production, pour la consommation, sans aller jusqu'à imposer la domination d'un
pouvoir central. Du reste, au delà de sa sphère
d'action, elle s'attache à d'autres cités. On connait
les ligues des villes ; il en est de célèbres en Italie
et en Allemagne. Des associations moins connues
sont typiques parce qu'elles ont surtout en vue la vie
économique. En 1237, une convention intervient
entre la cité de Londres et les marchands d'Amiens,
de Corbie et de Nesle en Picardie en vertu de
laquelle ces derniers, qui s'obligent à payer annuellement 50 marcs aux sheriffs de Londres, sont
autorisés à décharger et à charger leurs marchandises dans la cité et sont assimilés dans le reste de
l'Angleterre aux bourgeois de Londres. Les regis-
tres de la mairie de la cité renferment de nombreuses indications au sujet d'accords similaires. Les
ligues apparaissent d'ailleurs entre les villages aussi
bien qu'entre les villes. Les preuves abondent ;
citons au hasard, l'exemple de dix-sept villages
s'unissant dans le Laonnais ; la modeste confédération dure cent cinquante ans ; elle se bat pour son
indépendance et ne succombe qu'au milieu du
xiiie siècle.

Il est d'autres phénomènes encore. Le commerce
se crée un outillage international propre. M. de
Maulde la Clavière note que le commerce est placé
en dehors de la tutelle et de l'appui de l'État ; il
a ses consulats basés sur le système de l'association
libre et de la corporation mutuelle (1). Pour nous
en tenir à l'Angleterre, rappelons qu'à Londres les

---

(1) R. DE MAULDE LA CLAVIÈRE, *La diplomatie au temps de
Machiavel*, t. III. p. 300.

marchands gascons et les marchands provençaux
forment des communautés dont les chefs élus sont
à la fois les directeurs politiques et les chargés
d'affaires de chacun des membres. En 1312, le
gouvernement anglais demande aux communautés de
négociants étrangers établis à Londres de faire
exécuter une ordonnance relative à l'exportation des
laines et des cuirs, et il les requiert de punir les
transgressions. « *Inter se rationaliter castigare et
punire* », telle est la tâche qu'il leur impose. Du
reste, un écrivain invoquant précisément les regis-
tres de la mairie de Londres va jusqu'à généraliser ;
selon lui, il existait au moyen âge, en dehors du
lien qui rattachait plus ou moins solidement toutes
les communautés au peuple dont elles faisaient
partie, une sorte de confrérie ou de confédération
tacite, un échange de services et une réciprocité de
bons procédés. « Cette espèce de ligue, association
ou chevalerie communale, écrit-il, était surtout
fondée sur la grande base de la civilisation du
moyen âge, l'esprit de corporation ou de solidarité » (1).

Il ne faut point méconnaître cependant les variations
qui se produisent dans la pratique. L'esprit d'association entre assez fréquemment en conflit avec l'idée
nationale et doit céder devant celle-ci. A Londres,
par exemple, les gildes qui s'étaient développées
librement, en dehors de toute ingérence de l'autorité, viennent à un moment donné demander à la
cour du maire et des aldermen que leurs statuts
soient « enreulés », en d'autres termes rédigés,

---

(1) JULES DELPIT, *Collection générale des documents français
qui se trouvent en Angleterre*, t. I, p. CCXXI.

approuvés, homologués. Il y avait là reconnaissance,
aveu de faiblesse. La chambre des communes devait
être chargée de la besogne et elle le fut, en effet ;
mais si au début les corporations furent appelées à
prendre part aux délibérations qui les concernaient,
la chambre ne tarda pas à prétendre qu'elle devait
statuer seule et sans l'assistance des intéressés. Au
commencement du XVI⁵ siècle elle l'emporta définiti-
vement ; elle vit incontesté son droit de fixer les
règlements des corporations et des confréries de
métiers.

L'exemple de l'Angleterre n'est point isolé. La
situation économique de la France et l'histoire de
la réglementation en ce pays sont suffisamment
connues. Contentons-nous de rappeler les faits qui
se produisent en Italie dans le même XVI⁵ siècle.
Dans presque toutes les parties de la péninsule se
rédigent des statuts des corporations, œuvre du
pouvoir central, où les prohibitions et les pénalités
s'accumulent et dont l'inévitable effet est de condamner à une mort lente les institutions auxquelles
ils s'appliquent. Lourdes taxes à l'entrée dans la
profession, surveillance inquiète sur la production,
amendes multiples, méfiance de toute initiative et de
toute spontanéité, voilà en quelques mots une pâle
description du nouvel ordre de choses. L'ancien
métier, l'ancienne corporation répondaient au besoin
qui pousse l'homme à joindre ses efforts aux efforts
de ses semblables ; en Italie surtout ils avaient
assumé un caractère politique ; le régime imposé
cette fois par l'autorité détruisait précisément ce
qui constitue toute force : la foi en soi et la faculté
d'agir en liberté. Nous ne parlons pas seulement
des minutieuses prescriptions, de la fixation des

mesures pour la confection des étoffes de laine et de soie, des défenses faites à un métier d'empiéter en quoi que ce soit sur le domaine d'action d'un autre métier ; qu'on songe que le désir de tout régler s'étendit au salaire et qu'en Piémont, il fut défendu au maître de payer plus que le prix fixé par la loi et à l'ouvrier d'exiger davantage que cette même somme : l'autorité voulait prévenir ce qu'elle appelait chez l'ouvrier un « acte inspiré par l'orgueil ».

CHAPITRE IV.

L'Europe commerçante et industrielle.

La situation géographique de l'Italie faisait de
ses villes les plus importantes autant de marchés où
devaient nécessairement se traiter les affaires entre
le Levant et cette Europe occidentale où naissait et
se développait une des plus belles civilisations de
l'histoire du monde. Quelques unes de ces cités ne
possédaient pas seulement la voie maritime ; elles se
reliaient par des routes assez sûres à l'intérieur du
continent ; Venise, par exemple, était par ses communications terrestres le point le plus rapproché des
pays allemands ; Gênes fournissait à l'Ouest un
point d'accès facile. Les populations de la péninsule
étaient entreprenantes ; les côtes fournissaient
d'habiles marins ; le sol fertile en beaucoup de
régions produisait au delà des besoins ; l'industrie ajoutait à la richesse du pays et alimentait les
échanges et les transactions. Les éléments principaux
d'une prospérité générale étaient ainsi réunis. La
Lombardie, la basse Italie, la Sicile avaient leurs
abondantes moissons ; ailleurs, l'esprit audacieux des
habitants les poussait à exploiter les pays éloignés ;
plusieurs cités avaient dans les possessions des
croisés en Terre Sainte des quartiers de ville qui
étaient comme la continuation de leur propre territoire ; Venise et Gênes fondaient dans le lointain
leurs colonies ou bien encore s'emparaient de pays

entiers sur lesquels s'exerçait leur domination dans
le but du trafic et du lucre.

Une pensée inspire toutes les mesures que prennent les républiques italiennes en matière de commerce et d'industrie ; c'est la préoccupation de
s'assurer le monopole ; il le faut pour le mode de
fabrication, pour le transport des marchandises,
pour la communication avec les pays étrangers.

Les haines âpres et cruelles, qui animaient les
communautés politiques les unes envers les autres
et qui constituaient presque le seul lien capable
d'en unir pour les jeter contre un ennemi commun,
avaient souvent comme cause des considérations
économiques. Chaque gouvernement essaya de s'attribuer à lui seul le négoce, la fabrication, les transactions. Dans l'erreur même où se complaisaient la
théorie et la pratique, il y avait de la logique. La
possession des métaux précieux et de la monnaie
métallique était réellement le but que poursuivait
tout État, et dans le domaine doctrinal régnait
l'opinion qu'une nation ne pouvait s'enrichir qu'aux
dépens d'autrui, précisément parce que l'on considérait la richesse d'un État comme quelque chose de
visible et de palpable, dont on pouvait se contester
mutuellement 'a possession. Au commencement du
XVᵉ siècle, dans un écrit adressé aux Guinigi, seigneurs de Lucques, Jean Sercambi expose tout le
programme du système protecteur : moyen de développer la richesse nationale, d'assurer aux produits
indigènes la prédominance, de frapper de prohibition
les articles étrangers (1). Le but était d'aboutir à

(1) BALUZE, *Miscellanea*, édition de MANSI, t IV. p. 81.
JOANNES SERCAMBI, Lucensis civis, *Monita Guinisus data ut totum
sibi Lucensem principatum quem jam occupaverant retinerent.*

l'incorporation de la plus grande masse de métaux précieux, dont la quantité était fort limitée dans l'Europe occidentale du moyen âge, et qu'affaiblissaient les fréquentes variations de la valeur commerciale de l'or ou de l'argent dans les différents contres.

Somme toute, beaucoup d'événements politiques, nombre d'actes internationaux s'expliquent si l'on réfléchit qu'au xviiie siècle seulement a prévalu la notion vraie, celle qui considère le travail national comme la richesse véritable et qui voit dans le travail national l'ensemble de toutes les forces intellectuelles et matérielles (1). Sans doute jusque là tout n'a pas été faute ; la pratique a parfois été rationnelle même quand la théorie était défectueuse ; les circonstances, la nature même du commerce européen ont imposé certaines mesures. Pecchio, l'historien de l'économie politique en Italie le dit fort bien : lorsque l'économie politique commençait à peine à être traitée comme telle par un petit nombre d'écrivains, plusieurs États italiens avaient déjà prospéré par la seule expérience (2).

L'efflorescence industrielle fut favorisée par l'introduction d'arts et de métiers exercés jusqu'alors par l'étranger. L'empire byzantin surtout se vit mettre à contribution ; on lui emprunta ses procédés ; on

---

(1) W. Besobrasoff, *De l'influence de la science économique dans la vie de l'Europe moderne*, dans les *Mémoires de l'Académie impériale des Sciences de Saint-Pétersbourg*, viie série, t. x, nᵒ 10, pp. 13 et suivantes.

(2) *Histoire de l'économie politique en Italie, ou abrégé critique des économistes italiens, précédée d'une introduction*, par le comte Joseph Pecchio. Traduit de l'italien par Léonard Gallois. Paris, 1830. Introduction, p. 2.

tenta d'arracher à ses ouvriers leurs secrets de
fabrication. Au besoin on transplantait des populations entières comme fit le gouvernement sicilien en
1147 ; ou bien encore on s'installait dans les régions
manufacturières. Ce fut le cas pour Venise ; lorsqu'au début du xiiie siècle s'opéra le partage de
l'empire grec, la seigneurie se fit attribuer entre
autres possessions les îles les mieux cultivées de
l'archipel et la partie du Péloponèse où s'exerçait
surtout l'industrie de la soie. La fabrication du
verre était d'origine orientale et de Constantinople,
qui les avait empruntées à l'Orient, venaient les
méthodes de coloration et d'apprêt des étoffes de
laine.

Abstraction faite des épices et des marchandises de
provenance exclusivement orientale, le sel, le savon,
la cire, le sucre raffiné, le papier étaient autant
d'articles importants fournis par l'Italie à la clientèle
européenne. Le pays faisait aussi un grand commerce
de métaux bruts et travaillés ; les mines de la
Toscane et de l'île d'Elbe fournissaient du fer ; les
mines du Frioul, de la Carinthie et de Cadore
fournissaient du fer ou du cuivre. Citons enfin la
fabrication des armes et des armures et le travail
des métaux précieux.

Le commerce maritime devint également une
source de profits. A certaines époques, les transports
par mer, surtout dans le bassin oriental de la
Méditerranée furent en très grande partie exercés
par les Italiens. Au commencement du xve siècle,
Venise avait 3000 bâtiments de commerce de cent
à deux cents tonneaux, montés par dix sept mille
marins, 300 navires de l'État avec huit mille
hommes d'équipage, et 45 galères de trafic qui en

portaient onze mille. Les navigateurs de Gênes figurent parmi les plus hardis et parmi les plus entreprenants qui aient apparu dans l'histoire des découvertes et des voyages. L'administration des ports italiens édictait de nombreuses mesures ; une surveillance étroite était exercée sur la construction et l'entretien des vaisseaux et sur la composition de l'équipage ; de minutieux règlements fixaient les formes des bâtiments et leurs proportions en raison des voyages et des charges. Venise avait ainsi le *Capitulare nauticum* de 1255 ; Gênes possédait un statut de 1333, *Ordo factus super mensuris galearum de Romania et Syria*, reproduisant ou revisant des prescriptions anciennes. De bonne heure, du reste, la construction et l'armement des vaisseaux avaient atteint dans les chantiers italiens une perfection remarquable, et ce pays occupait sans contestation possible le premier rang entre toutes les nations maritimes du moyen âge (1).

Le négoce favorisé par les circonstances locales trouvait une cause de développement et de succès dans l'habileté féconde des marchands et dans le génie des affaires dont ils étaient doués. Ceux-ci avaient fondé de puissantes maisons aux filiales nombreuses semées aux étapes les plus importantes du commerce européen, africain et asiatique. La plupart des grandes villes de l'Europe centrale et occidentale notamment possédaient des colonies italiennes.

Assez longtemps ces marchands furent confondus dans le nom générique de « Lombards » ; encore au xii⁰ siècle on les désignait plutôt sous le nom

(1) E. T. HAMY, *Études historiques et géographiques*, p. 1.

d' « ultramontains » (1). Les objets principaux de
leur commerce étaient les soieries, les draps, les
épices, la bijouterie, les métaux précieux ; ils se
livraient aux opérations du change des monnaies,
point très important dans les transactions commerciales du moyen âge ; ils faisaient la vente et
l'achat de lingots d'or et d'argent, dont les marchands se munissaient pour obvier aux variations du
numéraire ; ils prêtaient également à intérêt. La
concession de « tables de prêt » à des Lombards
marque dans beaucoup de villes du nord de
l'Europe la date initiale de la notion et de la pratique du crédit. On voit d'ailleurs les marchands
italiens en concurrence avec les Juifs, qui, une
première fois, ont le dessous.

Le protectorat byzantin s'était étendu sur Venise
naissante, et cette circonstance non moins que les
communications incessantes entre l'empire et la
république, avaient amené comme résultat que la
civilisation orientale avait pénétré la cité des doges.
Industrie, négoce, procédés économiques, institutions
financières s'en étaient ressentis autant que les
mœurs, les arts et même la vie religieuse. Le grec
était la langue du commerce oriental ; il servait à
nombre de Vénitiens comme une seconde langue.
L'action de Constantinople se manifesta au point
que l'on a pu dire qu'à une certaine période la
« monarchie républicaine » de Venise s'était modelée
sur la monarchie despotique d'Orient. Le gouvernement vénitien reconnaissait lui-même que des liens
étroits l'unissaient à celui de Byzance. C'est ainsi

(1) PIGEONNEAU, *Histoire du commerce de la France*, t. I. p. 244.

qu'au IXe et au Xe siècle, l'avènement d'un empereur ou d'un doge était l'occasion de l'envoi d'un représentant dans la capitale de l'empire ; presque toujours l'ambassadeur était un fils du doge et à son retour, décoré de titres pompeux, l'ambassadeur paraissait avoir plus de droit à succéder à son père. Durant toute la période où le dogat sembla tendre à devenir héréditaire, où l'association au pouvoir du fils du doge devint assez fréquente, le voyage à Constantinople créait même une sorte de droit d'aînesse entre les fils du doge (1).

Souvent la république prêta assistance aux empereurs, qui reconnurent les services qu'elle leur avait rendus en lui accordant des privilèges et en ouvrant à ses vaisseaux de nombreux ports.

Dès 991 apparaît une première concession faite par le gouvernement impérial ; une seconde concession date de 1082. Dans leurs lignes principales les deux actes réduisent pour les navires vénitiens les droits à l'entrée et à la sortie ; ils disposent que la douane ne peut retenir un vaisseau plus de trois jours ; ils soumettent les procès des sujets de la république au logothète impérial qui les juge d'après leur propre droit ; ils défendent, à peine de confiscation, d'introduire les marchandises d'autres pays que Venise même (2). Au surplus, dans la pratique se constate bientôt le mauvais vouloir de l'administration. La situation se modifie même complètement quand Gênes, jalouse, excite contre Venise les soupçons, les rancunes, les colères des empereurs.

Au commencement du XIIIe siècle la politique de

---

(1) J. ARMINGAUD, *Venise et le Bas-Empire*, dans les *Archives des missions scientifiques*, IIe série, t. IV, p. 328.

(2) *Ibid.*, p. 344.

Venise envers Byzance avait été déloyale ; aussi les Génois n'eurent-ils point de peine à miner son influence et à s'assurer les privilèges qui lui furent arrachés lorsque l'empire latin croula devant la restauration grecque. Ils firent plus: Sous leur inspiration perfide, le gouvernement byzantin défendit à ses marins de prendre service sur les bâtiments de la seigneurie, il empêcha ses ouvriers de travailler pour les Vénitiens, il frappa de lourdes taxes les marchandises de ces derniers (1).

Malgré les obstacles, Venise continua sa marche ascendante ; grâce surtout à ses industrieuses colonies, elle devint la grande cité du trafic. En Italie même, sa puissance s'étendit sur la terre ferme ; à la domination maritime se joignit le développement continental, et au début du xve siècle, un doge s'adressant au sénat pouvait lui dire que les Vénitiens étaient les seuls à qui la terre et les mers étaient également ouverts. Son rôle ne prit fin que lorsque l'importance de la Méditerranée dans l'histoire s'amoindrit. La civilisation reprit alors la marche qu'elle a poursuivie si longtemps dans la direction du sud-est au nord-ouest ; les peuples cessèrent de graviter autour de la « mer intérieure », et, selon l'expression de M. Élisée Reclus « les Italiens eux-mêmes rompirent le cercle en découvrant un nouveau monde par delà l'Océan » (2).

---

(1) *École française de Rome. Mélanges d'archéologie et d'histoire.* 1883. *La colonie vénitienne à Constantinople à la fin du* xive *siècle* par C. Diehl, p. 93.

(2) Élisée Reclus, *Nouvelle géographie universelle,* t. I, *l'Europe méridionale*, p. 31.

Dans plus d'une des villes riveraines de la Méditerranée subsistèrent assez longtemps des traces de l'antique négoce fait par la cité et pour le compte de la cité. La commune de Marseille eut des galères qu'elle louait quand elles n'étaient pas retenues pour un service public ou affrétées pour le compte de souverains étrangers (1) ; Gênes envoyait ses caraques, propriété gouvernementale ; mais le système se manifesta le plus complètement à Venise.

Il ne faut pas oublier que le gouvernement vénitien assurait l'approvisionnement de la république par le développement donné à l'agriculture dans ses possessions, notamment dans l'île de Candie, et par des conventions conclues avec différents souverains, qui lui concédaient les ressources extraordinaires de la Sicile, de l'Égypte et de plusieurs sultanats de l'Afrique septentrionale (2).

La seigneurie se chargeait de voyages de commerce ; au début, on attendait le moment où les marchés de Venise semblaient favorables pour un commerce d'exportation ; bientôt une certaine périodicité s'introduisit ; il semble même que le nombre des escadres finit par s'élever à sept ; la Romanie, Tana, Trébizonde, l'île de Chypre et l'Arménie, la Syrie, l'Égypte et la Barbarie, la Flandre, telles étaient les destinations. Le privilège des escadres était généralement concédé à des compagnies, qui obtenaient ainsi le monopole pour le commerce des pays vers lesquels les convois se dirigeaient (3).

---

(1) PIGEONNEAU, ouvrage cité, t. I, p. 141.

(2) PARDESSUS, *Collection des lois maritimes antérieures au XVIII* *siècle*, t. III, Introduction, p. LXXXIV.

(3) *Ibid.*, t. III, Introduction, p. LXVII.

L'organisation des expéditions commerciales vers l'Occident mérite une courte description. Quand le gouvernement le jugeait opportun pour le commerce et pour l'industrie de Venise, il mettait en location les galères d'une escadre destinée à la Flandre. L'administration vénitienne conservait sur l'expédition la direction suprême ; le grand conseil choisissait le capitaine que payaient les « patrons », les maîtres, les marchands à qui les navires avaient été adjugés. Des règlements minutieux déterminaient la composition des équipages, fixaient le nombre et les gages des pilotes, des gens de métier, des scribes ; à bord de chaque navire se trouvait un notaire public ; à partir de 1320 on y constate la présence de médecins ; trente archers par bâtiment étaient chargés de la défense contre les pirates. Selon l'observation de Rawdon Brown, les galères de Flandre formaient la flotte la plus remarquable de la république aussi bien à cause de la destination finale qu'à raison du commerce intermédiaire (1). Leur mission était de transporter vers les pays occidentaux les produits et les objets manufacturés de Venise même et ceux des marchés de l'intérieur et des contrées de l'Orient avec lesquelles Venise était en relations d'affaires. C'étaient notamment la Perse et l'Inde.

La protection était assurée avant tout aux galères de l'État ; les marchandises qu'elles transportaient ne payaient aucune taxe ; celles que transportaient les galères des particuliers payaient 5 pour cent de

(1) RAWDON BROWN, *Calendar of State papers and manuscripts relating to english affairs existing in the archives and collections of Venice and in other libraries of Northern Italy*, t. I, pp. LXII et suivantes.

leur valeur. L'administration était nettement hostile non seulement aux étrangers mais même aux sujets de la république. En ce qui concerne la fabrication, surveillance jalouse, sollicitude continuelle de garder le secret et le mystère, confiance en la pire des méthodes, celle de l'interdiction de toute concurrence. En ce qui concerne le négoce et le transport, conservation d'un privilège, d'un monopole. Dans les cas où il n'y avait pas prohibition complète, les marchandises du Levant que les étrangers expédiaient de Venise devaient payer un droit égal à la moitié de leur valeur ; les villes de la terre ferme soumises à la seigneurie ne pouvaient expédier leurs produits qu'en les faisant passer par la métropole où elles étaient soumises à un droit élevé ; il était défendu aux étrangers d'entrer dans les associations commerciales formées par des Vénitiens ; tout, enfin, était mis en œuvre pour assurer aux nationaux l'exploitation presqu'exclusive des sources de la richesse.

Au sujet des Vénitiens eux-mêmes régnait un esprit étroit, jaloux, dirigé contre quiconque n'appartenait pas aux classes élevées ; le gouvernement oligarchique avait réservé à la noblesse une espèce de monopole du commerce et de l'industrie, et il n'accordait aux bourgeois le droit de trafiquer qu'à des conditions très onéreuses (1).

Un dur régime pesait sur certaines possessions. Ce qui se passa dans l'île de Candie est significatif. Il est vrai que la métropole y avait rencontré une résistance opiniâtre qui s'était manifestée par quatorze grandes insurrections en cent soixante ans.

---

(1) E. FRIGNET, *Histoire de l'association commerciale*, p. 78.

Après son acquisition de l'île pour 10,000 marcs d'argent payés au marquis de Montferrat, Venise avait d'abord laissé aux Candiotes leurs terres ; bientôt elle forma dans l'île des colonies militaires dans lesquelles elle envoya des Vénitiens de la noblesse et du peuple (1). Les colons recevaient des propriétés, *casalia*, mais ils devaient en retour le service militaire ; trois cents postes militaires étaient ainsi établis fournissant de douze à quinze mille combattants (2). Chaque colon avait pour obligation de livrer au gouvernement le tiers de sa récolte en blé, tiers fixé d'avance d'après l'étendue des champs et la moyenne ordinaire ; il devait entretenir plusieurs chevaux pour le service militaire, charge dure devant la sécheresse du sol. Toutes les fonctions étaient conférées à des Vénitiens nobles ; l'initiative des colons et de la population grecque était étouffée ; il fallait une autorisation pour fréter les bâtiments candiotes, dont une stricte réglementation fixait l'itinéraire et déterminait la cargaison ; de lourds impôts venaient ajouter encore à la déplorable situation (3).

---

(1) *Documents inédits pour servir à l'histoire de la domination vénitienne en Crète, de* 1330 *à* 1485, *tirés des archives de Venise.* Publiés et analysés par H. NOIRET. Introduction, p. v.

(2) Dans l'ouvrage qui vient d'être cité M. Noiret observe que les *casalia* passèrent aux Vénitiens colons avec tout ce qu'ils contenaient de bétail et d'esclaves. L'esclavage existait dans l'île de Candie. « Il paraît, dit M. Noiret, que l'origine en remonte à Nicéphore Phocas qui reprit l'île aux Sarrasins ; ceux qui survécurent furent réduits en servitude ; ils étaient à peu près comme les serfs en France. Chaque colon en reçut vingt-cinq : il leur donnait la nourriture, le vêtement et un maigre salaire. Dans un moment de pénurie, la république autorisa le rachat de ces esclaves ou *villani*. »

(3) H. NOIRET, ouvrage cité, Introduction, p. xv.

Jusqu'au xiii° siècle, Ravenne posséda de nombreux navires ; Ancône jouit de privilèges dans la plupart des villes de l'Orient latin ; Amalfi envoyait au loin ses marins.

Pise était grande par le commerce et par la navigation ; gibeline, elle se vit constamment attaquée par les principales cités guelfes ; en 1250, Gênes, Lucques et Florence se liguèrent contre elle et, en 1284, à la bataille de Melloria, la première de ces villes détruisit quarante galères pisanes, emmena neuf mille prisonniers et porta à sa rivale un coup dont celle-ci ne parvint plus à se relever. La nature se prononça contre Pise ; le phénomène si fréquent dans l'histoire des cités italiennes se produisit : les dépôts de terre et les ensablements obstruèrent le port.

Toute la Toscane était remplie de centres manufacturiers que dominait Florence. Le rôle de cette ville dans l'histoire politique et économique ne saurait être assez mis en évidence. Dans son enceinte se succédèrent les formes diverses de la souveraineté : aristocratie, tyrannie, démocratie, théocratie, despotisme ; toutes les expériences politiques y furent tentées ; sur les défauts, sur les vices, sur les avantages qu'elles présentent son histoire fournit les enseignements les plus précieux. La solution des problèmes relatifs à l'existence matérielle d'un peuple, surtout des problèmes suscités par l'institution, presque aussi vieille que la civilisation, des taxes et des impositions publiques, y fut étudiée, discutée, essayée ; dans des questions où l'empirisme prévalait généralement, on vit apporter la sollicitude pour les intérêts supérieurs de l'humanité, rechercher l'idéal de tout régime loyal,

c'est-à-dire la justice et l'égalité dans la répartition
des charges, et poursuivre la réalisation d'un ensemble harmonique, d'un « cosmos » dans l'ordre économique. Tout un peuple était à l'œuvre, glorifiant en
paroles et en actes le travail humain ; aux grandes
années de la république, quand la liberté présidait,
la prospérité et la grandeur couronnèrent les efforts
de ceux qui avaient mis en elle toute leur foi.
Selon les paroles de M. Élisée Reclus, « les arts,
les lettres et tout ce qu'il y a de bon et de noble
dans ce monde se produisit avec un joyeux élan
que les générations avaient depuis longtemps
perdu » (1).

Milan agricole et industriel peut également invoquer de beaux services rendus à la cause générale ;
même sous la domination de ses ducs cupides, elle
parvint à conserver assez longtemps quelques garanties d'un État libre : la liberté des professions, la
justice expéditive, la protection des étrangers.

Gênes était la ville rapace. Ses luttes violentes
avec d'autres cités italiennes, la longue inimitié qui
la sépara de Venise, l'âpre concurrence qu'elle lui
fit, tout se réunit pour aiguiser encore la violence
naturelle. Ici apparaît une des faces tristes de
l'Italie médiévale : la jalousie et la haine de ces
communautés politiques presque toujours excitées
les unes contre les autres et où, comme nous
l'avons déjà noté, on n'aperçoit quelque trace d'alliance que lorsque les ennemis communs concluent
un pacte qui doit mener à l'écrasement de leur
adversaire. Gênes eut sa période de domination ;
son pavillon flotta dans les mers lointaines ; ses

(1) ÉLISÉE RECLUS, ouvrage cité. t. I, p. 420.

colonies de marchands se répandirent dans le
monde ; elle vit de vastes pays soumis à son joug ;
elle créa des institutions financières qui surent gouverner et exploiter des régions entières ; elle forma
des « manieurs d'argent » dont les opérations constituent un des chapitres les plus intéressants des
annales financières ; elle suscita parmi ses citoyens
une émulation pour les hardies découvertes qui
devaient clore la période méditerranéenne de l'histoire de notre civilisation et faire entrer celle-ci
dans la phase décisive, la conquête de l'océan.

Dans le midi de la France s'épanouissait dès le
XIIᵉ siècle une civilisation remarquable à laquelle
se rattachaient les populations catalanes ; des villes
industrielles et commerçantes, centres respectés de
l'enseignement, voyaient se produire, longtemps
avant le grand mouvement du renouveau italien,
une renaissance dont les guerres de religion et les
persécutions surtout vinrent amoindrir les bienfaisants résultats. La prospérité matérielle de ces cités était remarquable. Tandis que les villes provençales s'adonnaient surtout au commerce et à la
navigation, le Languedoc était agricole et manufacturier. Les « communes » du midi jouissaient d'une
sorte d'indépendance de fait ; du moins sur le
terrain économique elles avaient une grande liberté
d'action, dont quelques-unes profitèrent pour donner
le spectacle d'une large tolérance et ouvrir le
champ libre aux aptitudes de tous, quel que fût le
culte, quelle que fût la race. Les circonstances politiques favorisaient l'expansion ; la domination des
comtes d'Anjou dans l'Italie méridionale attira des
colonies provençales dans le royaume de Naples ;

les rois d'Aragon furent longtemps seigneurs de
Montpellier ; la puissance espagnole déborda au
nord des Pyrénées, de même qu'auparavant des
régions du nord-est de la péninsule ibérique avaient
été soumises plus ou moins étroitement à la suze-
raineté des rois de France.

Le travail et le commerce étaient honorés ; l'aristocratie se livrait aux opérations du négoce ; dans
les actes de Marseille se réunissent les qualifications
de marchand, de noble ou d'honorable ; à Aix, la
capitale de la Provence, rien n'est plus commun
que de trouver le titre de noble marchand, *nobilis
mercator*, accolé à celui de « possédant fief » (1).

Montpellier qui conquit d'assez bonne heure une
situation   prépondérante   parmi   les   villes   de
Languedoc, suivait une politique libérale. On a fait
remarquer que six siècles avant le siècle de Quesnay
et de Gournay elle repoussait le régime des monopoles, qu'elle proclamait et appliquait le principe de
la concurrence sur les marchés (2). Dès le XIII° siècle ses statuts autorisaient la perception des intérêts
de l'argent jusqu'au point où la somme accumulée
égalait le capital, sans se préoccuper des discussions théologiques ou juridiques. Elle admettait les
Juifs à des emplois publics et notamment aux
charges de finance ; elle accueillait même les
Sarrasins.

Marseille, puissance commerciale longtemps avant
que Gênes, Florence, Venise fussent nées, souffrit
des guerres haineuses qui se poursuivaient entre les

(1) C. DE RIBBE, *La société provençale à la fin du moyen âge
d'après des documents inédits*, p. 330.

(2) O. NOËL, *Histoire du commerce du monde depuis les temps
les plus reculés*, pp. 214 et suivantes.

rois d'Aragon et les princes de la maison d'Anjou, ses suzerains ; mais elle eut ses jours de triomphe et elle réussit à se faire une part importante dans les transactions du monde médiéval, grâce à ses relations avec les villes d'Espagne et d'Italie, avec les gouvernements arabo-berbères d'Afrique, avec l'Égypte et l'Asie antérieure.

Dans l'Espagne musulmane, l'agriculture, l'industrie et le commerce étaient florissants ; quand l'élément chrétien affirma sa suprématie, le négoce de plusieurs villes prit un développement considérable. Au milieu du XII° siècle, Barcelone était un centre manufacturier important ; elle étendait son commerce jusqu'en Sicile ; elle avait des établissements dans les villes de l'Afrique septentrionale ; elle luttait en activité et en esprit d'entreprise avec les républiques italiennes. Des relations de négoce reliaient Gênes et Florence à Valence, Carthagène, Algeciras, Malaga. Cadix et Séville possédaient des comptoirs à Constantinople. C'est à Barcelone, rappelons-le, que furent recueillies les coutumes de la mer telles que les appliquait la cour consulaire de cette ville et qui peuvent être considérées comme résumant les usages maritimes admis dans les différentes villes riveraines de la Méditerranée ; c'est là également que, sous l'influence arabe, se manifesta le talent de savants cartographes qui rivalisaient avec les cartographes de Majorque et avec les géographes et les cosmographes italiens. Reconnaît-on suffisamment que dans la collaboration civilisatrice des races les Phéniciens peuvent revendiquer comme leur œuvre les principes mêmes du droit en vigueur sur la « mer intérieure » ?

Si l'on veut compléter le tableau des œuvres industrielles du monde méditerranéen au moyen âge, il faut signaler les villes espacées sur la vaste côte de l'Afrique septentrionale ; il faut mentionner l'Égypte, formant successivement un royaume arabe et une république militaire, constituant par sa situation géographique un marché de premier ordre pour les produits de l'Afrique orientale et méridionale, de l'Arabie et de l'Inde ; il faut rappeler les multiples principautés chrétiennes formées à l'époque des croisades dans l'Asie antérieure, dans les îles de l'archipel et dans la Grèce continentale ; il faut montrer les possessions des Vénitiens et des Génois bien au delà du Bosphore, dans la Crimée et dans la Mingrélie (1). Dans les villes où elles ne sont point les maîtresses absolues, les républiques et les cités de l'Occident s'attachent surtout à obtenir la concession d'un quartier, comprenant les bâtiments destinés aux autorités, les édifices à l'usage commun de la colonie et les constructions des particuliers. Partout, elles essaient de constituer ainsi des communautés relevant uniquement de la mère-patrie, vivant sous ses coutumes et sous ses lois.

L'état même de la Méditerranée devrait être décrit ; elle était le théâtre de continuelles luttes entre les flottes des puissances maritimes, de rencontres, de scènes d'attaque et de pillage. Les guerres étaient à peine interrompues par quelques trêves, si, comme le dit un auteur, on peut dire qu'il y avait des trêves lorsque la piraterie s'exerçait en tout

---

(1) E. Nys, *Études de droit international et de droit politique*, pp. 8 et suivantes.

temps jusque sur les alliés (1).

Cependant des mesures furent prises contre les maux incalculables qu'entraînait l'insécurité des mers. Les unes concernaient la réglementation de la course, la caution imposée aux armateurs, le serment d'observer les instructions qu'on leur donnait ; elles tendaient à circonscrire l'étendue du mal ; les autres étaient le résultat d'une communauté d'action visant directement à l'abolition du fléau. On vit même les gouvernements chrétiens s'entendre avec les princes musulmans de l'Afrique septentrionale, promettre de châtier ceux de leurs sujets qui armeraient contre les sujets des sultans, prendre l'engagement d'envoyer des galères qui se soumettraient au commandement de l'amiral musulman dans la poursuite des forbans. Les tentatives louables ne furent malheureusement pas couronnées de succès. Chrétiens et Musulmans ravagèrent et pillèrent à l'envi. Dans les pays chrétiens des compagnies se formaient pour exercer la course qui fatalement dégénérait toujours en piraterie ; dans les cités de l'Afrique, des sociétés de commerce avaient comme objectif principal de dévaster les rivages européens.

Jusqu'à la fin du XIII° siècle le commerce français s'étend à peine aux pays limitrophes ; peu à peu l'industrie grandit ; peu à peu l'esprit de spéculation et d'aventure fait chercher des débouchés. Sur les côtes occidentales se forment des centres actifs ; à l'intérieur, Lyon devient un lieu d'entrepôt ; dans le nord, la Normandie et la Picardie créent des

_____

(1) Pardessus, ouvrage cité, t. II, Introduction, p. xix.

relations fructueuses avec l'Angleterre, la Flandre, l'Europe septentrionale. Sous la domination anglaise, la Guyenne avait une situation privilégiée ; elle traitait d'importantes affaires avec les ports d'Espagne et d'Angleterre. ; c'est elle surtout qui profitait des conventions intervenues entre les rois d'Angleterre et les rois d'Aragon et de Castille.

Des associations existant depuis longtemps se transformaient en autant de monopoles ; c'étaient la hanse de Rouen, l. « marchandise de l'eau » de Paris, la jurande de 'Bordeaux, les « batelleries » d'Orléans, de Saumur, ''Angers et de Nantes (1). Elles traitaient avec les seigneurs ; elles se faisaient accorder protection moyennant un péage. Peu à peu la royauté prit la direction suprême ; elle inaugura une politique douanière, dont le caractère fiscal se complétait par une sollicitude conforme aux idées de l'époque, par la crainte d'affaiblir le pays en autorisant l'exportation de ses richesses.

Les prohibitions se dressaient de province à province ; d'abord elles visaient uniquement les objets de première nécessité ; le moment vint où elles s'étendirent à presque tous les produits agricoles et manufacturés. Un système de permis d'exportation s'établit : c'était le droit de haut passage ; on en arriva au milieu du XIVᵉ siècle à décréter que des provinces seraient réputées étrangères et la néfaste division persista longtemps (2).

Des taxes d'importation furent dirigées contre l'étranger ; elles offraient au gouvernement un double

---

. (1) PIGEONNEAU, ouvrage cité, t. I, p. 177.

(2) *Traites et droits de douane dans l'ancienne France*, dans la *Bibliothèque de l'École des chartes*, deuxième série, t. III. pp. 465 et suivantes.

avantage ; source de profits pour le trésor, elles étaient aussi une prime accordée aux nationaux (1). La tendance prohibitionniste s'accentua de plus en plus, modifiant son caractère en ce sens que l'idée de protection l'emporta sur le but final.

Le commerce anglais traversa trois phases successives : municipal au xiie siècle, il devint national avec Édouard Ier, et international avec Édouard III. Dans la première période, comme le dit un écrivain, le marchand de Norwich était aussi étranger à Lonpres que le marchand de Bruges ; puis, les institutions locales firent place à une organisation économique nationale ; du village ou de la ville le cercle s'étendit au pays tout entier ; une douane officielle, uniforme pour tout le royaume, fut établie sous Édouard Ier. Enfin, sous Édouard III, s'accomplit la forme internationale (2).

Dans les premiers siècles de son histoire commerciale, les relations de l'Angleterre ne s'étendaient guère qu'à ses possessions continentales de France, aux Pays-Bas, à l'Allemagne et aux pays scandinaves. La série des produits qui pouvaient lui servir pour ses transactions était loin d'être importante ; la laine, les draps grossiers et les toiles en étaient les objets principaux. Rogers insiste sur ce point que le peuple anglais n'est pas un peuple naturellement inventif, qu'il est resté longtemps sans se distinguer par les inventions mécaniques, et qu'au moyen âge il n'adoptait pas même volontiers les inventions des autres nations. Le caractère essen-

(1) PIGEONNEAU, ouvrage cité, t. II, p. 64.
(2) W. CUNNINGHAM, *The growth of english industry and commerce during the middle ages*, pp. 173 et suivantes.

tiellement rural et agricole était probablement la
cause de cette apathie (1).

Les marchands étrangers eurent à lutter, à la
fois contre la jalousie des Anglais et contre la
rapacité des fonctionnaires. Cependant, sous le règne
d'Ethelred apparaissent des traces d'une protection
royale s'étendant sur leurs personnes et sur leurs
transactions ; quelques documents viennent dans la
suite fournir des indications ; ainsi la *Ley as Lo-
rengs* favorisant les marchands de Lorraine ; ainsi
les privilèges concédés aux négociants de Cologne
qui forment jusqu'au xiiie siècle une société distincte
de la compagnie des marchands allemands, de la
« hanse almaine ». Les premières mesures de faveur
prises pour les négociants étrangers tendent à
autoriser ceux qui en sont l'objet à séjourner
plus de quarante jours. La grande charte de 1215
renferme une disposition générale : les marchands
étrangers, qui restent soumis aux droits et aux
péages établis par la coutume, sont placés à l'abri
des impositions illégitimes, en d'autres termes des
exactions des fonctionnaires et des droits particuliers
que fixaient les villes. A partir du xiiie siècle, la
situation se résume en quelques mots : l'autorité
royale prétend faire aux étrangers bon accueil ; les
municipalités s'efforcent constamment d'écarter leur
concurrence.

Des manifestations diverses se produisent : tantôt
l'esprit particulariste et national l'emporte ; tantôt la
politique royale s'affirme sans entrave. Les autorisations spéciales ont leur rôle et viennent favoriser

(1) JAMES E. THOROLD ROGERS, *Interprétation économique de
l'histoire.* Traduction par É. CASTELOT, pp. 245 et suivantes.

telle association, telle ville « amie ». Les déclara-
tions générales ne manquent pas. Dans un statut
de la fin du xive siècle, le roi promet que les marchands étrangers pourront venir librement dans le
royaume et y résider « souz le saufe garde et protection de nostre seignor le roy, tant si longuement
comme lor plerra, sanz desturbance ou contredit de
persone quelconque » ; ils pourront vendre en gros
et en détail les petites provisions, les vivres, les
épiceries, les menues merceries ; ils devront vendre
en gros leurs vins « aussi bien doux que autres ».
La loi est motivée ; de l'assentiment des « prélats,
ducs, comtes, barons » et de « la commune de son
roialme », le roi déclare que « la venue des mar-
chants estranges est bon et profitable pour moelt
des causes à tout le roialme ».

Les villes anglaises ne se prêtent pas docilement
à cette politique. De même qu'elles s'opposent à l'introduction des artisans étrangers, qu'elles veulent les
éloigner du champ d'activité qu'elles se sont tracé
et dans lequel peinent et travaillent leurs corporations, de même elles contestent à tout instant la
légitimité de l'œuvre royale, elles s'opposent à l'exercice des privilèges concédés par la couronne. Les
débats, les réclamations sont continuels. La cité de
Londres surtout proteste et à chaque instant profite
des embarras que créent la politique extérieure et
les guerres avec l'Écosse et avec la France, pour
faire valoir ses propres franchises, ses propres libertés.

Au xive siècle fleurit le système des « villes
d'étape ». Quelques localités sont désignées en Angleterre, où le trafic doit se concentrer, où le marchand étranger est plus directement protégé, où,

issue de la gilde, la corporation d'étape possède sa
juridiction propre, son maire, ses aldermen, ses
constables, et accomplit la mission spéciale de veiller
à la perception des taxes dues au pouvoir central,
et au mode de paiement des marchandises acquises.

L'organisation des villes d'étape anglaises datait
du règne d'Édouard Ier ; une ordonnance de la vingt-
septième année du règne d'Édouard III lui donna
un grand développement et désigna dix villes en
Angleterre, une ville dans le pays de Galles et
quatre villes en Irlande. Toutes les marchandises
destinées à l'étranger devaient être dirigées sur
l'une des villes d'étape, pesées par les autorités,
scellées du sceau du « maire de l'étape » et trans-
portées ensuite à certains ports.

Sur le continent existaient des villes d'étape où
devait se faire la vente des produits anglais. Un
statut du commencement du règne de Henri VI permet de juger de l'institution. Il s'applique à Calais.
Là doivent « passer et repairer » les laines, les
peaux « lainées », les cuirs, le plomb, l'étain et
toutes les marchandises sortant d'Angleterre, du
pays de Galles et de l'Irlande, sous peine de confiscation, d'amende du double de la valeur et d'un
emprisonnement de deux années. Le délateur obtenait le tiers du prix. Toutefois, point fort important, échappent à ces règles si dures les marchands
de Gênes, de Venise, de Florence, de la Lombardie
et de la Catalogne.

L'institution croula quand en Angleterre même
se fut constituée une classe marchande suffisamment
forte pour faire prévaloir ses volontés et pour ané-
antir toutes les mesures qui, en réalité ou en apparence, favorisaient les étrangers.

La question des privilèges des villes anglaises se compliquait par le fait que toucher à la charte et aux « libertés » de l'une d'elles, c'était nécessairement exciter la défiance de nombre d'autres. Des libertés « types » avaient été adoptées ; ainsi, dans la forme qu'elles avaient assumée à Winchester, les coutumes de la cité de Londres étaient devenues les coutumes de la plupart des villes du sud ; dans la forme qu'elles avaient assumée à Newcastle, elles s'étendaient même sur la plupart des bourgs d'Écosse ; les coutumes d'Hereford avaient été adoptées dans les villes frontières du pays de Galles ; les « libertés » de Bristol s'étaient introduites en Irlande.

Au besoin, cependant, la couronne avait recours aux traités avec les gouvernements étrangers. En 1364, Charles V fait une ordonnance sur la liberté du commerce entre les marchands anglais et français ; il donne des instructions ; il notifie qu'un traité de paix est intervenu entre lui et le roi d'Angleterre aux termes duquel tous les sujets de l'une et de l'autre partie « pourront paisiblement convener de marchandises et conduire toutes denrées et tout fait de marchandises exercer, cessant tout empeschement » ; il rappelle qu'une condition est indispensable : il faut payer les redevances « anciennement accustumez ».

L'ère des traités de commerce s'ouvre réellement dans la dernière moitié du XVIIᵉ siècle, quand à la fin de la guerre de Trente ans et plus particulièrement à la paix des Pyrénées les intérêts du négoce font l'objet de la sollicitude des puissances ; les traités d'Utrecht du commencement du XVIIIᵉ siècle sont même les premiers grands traités où se posent

les questions maritimes et commerciales (1). Mais
avant cette époque apparaissent quelques conventions qui ne manquent pas d'intérêt et dont le gouvernement anglais peut revendiquer l'honneur. La
principale porte dans l'histoire le nom de « grand
entrecourse », *Intercursus magnus*. Elle a été conclue, en 1496, avec le duc de Bourgogne, Philippe
le Beau, et est, pour ainsi dire, l'aboutissement d'un
demi siècle de négociations diplomatiques et la
forme corrigée et perfectionnée de traités conclus
précédemment. Rogers a pu dire que la sagesse et
la largeur de vues de l'*Intercursus magnus*, qui sur
bien des points est de quatre siècles en avance sur
son époque, ont de quoi nous surprendre (2).

Le traité stipule la liberté de commerce entre les
deux pays, moyennant une licence ou passeport ;
il permet aux navires marchands d'être armés en
guerre ; il concède le droit de pêche dans les eaux
que les Anglais se sont jusque là réservées. D'après
d'autres dispositions, les ports des deux pays
doivent être fermés aux corsaires, mais rester constamment ouverts aux bâtiments de commerce en
détresse. Les marchandises ennemies sont prohibées.
Les lois réglant le sauvetage des naufragés sont
adoucies. Les négociants flamands obtiennent l'autorisation de résider en Angleterre et les Anglais dans
les villes des Pays-Bas. Les droits doivent être perçus de façon à ne pas détériorer les marchandises
qu'ils frappent. Aucune vente ne peut être imposée
par voie d'autorité aux débiteurs offrant une garantie
suffisante. La coutume barbare des représailles est

---

(1) E. NYS, *Les origines du droit international*, p. 288.
(2) JAMES E. THOROLD ROGERS, ouvrage cité, p. 106.

abolie et remplacée par des procès réguliers soumis aux tribunaux dont les deux gouvernements s'engagent à exécuter les décisions. Enfin le commerce des métaux précieux est déclaré libre (1).

Les bourgs d'Écosse ont, dans les annales de l'activité commerciale du moyen âge, un rôle modeste au début mais digne d'être signalé. Des écrivains rattachent les premiers efforts de l'industrie écossaise à des émigrants flamands, venus d'abord en Angleterre, chassés ensuite de ce pays, notamment à la fin du XIIᵉ siècle, cherchant un refuge vers le nord et récompensant le peuple hospitalier en lui communiquant leur amour du travail. Ils citent une charte du comte David, frère de Guillaume le Lion adressée : *Francis et Anglis et Flamingis et Scotis* ; ils invoquent un document de David II parlant de la *lex flaminga* (2).

L'Écosse médiévale exporte surtout des laines, des étoffes grossières, des peaux, du plomb, des fourrures. La couronne fait le commerce des produits de ses domaines ; elle a ses navires servant au trafic. Les bourgs écossais qui, on peut le dire, portent l'empreinte des grandes communes flamandes ne se contentent pas d'offrir à l'industrie et au négoce une réelle liberté ; ils les respectent et les honorent.

La Belgique médiévale donna au monde le spectacle d'une noble activité où rivalisèrent provinces

---

(1) JAMES E. THOROLD ROGERS, ouvrage cité, p. 106.

(2) *Rotuli Scaccarii regum Scotorum. The Exchequer rolls of Scotland*, par JOHN STUART et GEORGE BURNETT, t. I, Préface, p. LXXXI.

flamandes et provinces wallonnes ; dans les premières notamment se manifesta une civilisation riche
au point de vue matériel et au point de vue artistique, importante non moins si l'on envisage les
services rendus à la cause de la liberté. Dans le
domaine politique les communiers des Flandres
déployèrent les vertus civiques, ils luttèrent contre
toute tentative despotique, ils réalisèrent le « self
government », avec une remarquable entente de ce
qu'avaient de légitime les aspirations populaires et
même les impérieuses exigences de la situation
générale de l'Europe occidentale. Les vues de quelques uns de leurs hommes d'État ne se bornaient
pas à l'enceinte de la ville natale ; il en est qui
étendaient leurs regards au loin et qui semblent
avoir pénétré les secrets réservés par l'avenir.

Les populations laborieuses joignaient à la ténacité la hardiesse dans l'entreprise. Ainsi s'explique
l'œuvre de. ces émigrants modestes qui, au XII⁰ et
au XIII⁰ siècle, allèrent au loin travailler au dessè-
chement et au défrichement des terres allemandes,
jetant les bases de fertiles établissements, créant
même des groupements d'où sortirent plus tard des
villes, ou bien portèrent en Angleterre les notions
élémentaires de l'industrie ; ainsi s'explique l'incessant labeur accompli sur le sol de la patrie et
aboutissant à la production matérielle du XIV⁰ siècle
et à l'épanouissement artistique du XV⁰ siècle.

Les Flandres prirent une grande place dans le
monde international quand les républiques italiennes
commencèrent à chercher au delà du détroit de
Gibraltar des voies nouvelles et des débouchés nouveaux. Elles étaient tout désignées pour former le
terrain propice aux opérations du négoce. Leur

industrie était considérable ; des pays voisins affluaient de nombreux produits ; point très-important, leurs marchés permettaient d'établir un contact commode entre les peuples septentrionaux et les nations du midi. Les villes italiennes expédièrent désormais par mer les articles du Levant, fournis d'abord à l'extrême Occident par les Slaves et par les Allemands, puis par les Italiens eux-mêmes utilisant les voies de terre et le cours du Rhin.

Parmi les objets que créaient l'habileté et le génie industrieux des Flamands figuraient en première ligne les tissus, qui constituaient une partie considérable du négoce. Celui-ci s'étendait d'ailleurs à d'autres objets manufacturés ou façonnés dans les Flandres, aux produits fournis par l'Allemagne et par les contrées du nord de l'Europe et qu'apportaient les hanséates, aux productions naturelles du pays et des régions voisines. Que si l'on ajoute à ces faits la nature bienveillante des habitants, leur souci de la loyauté dans les affaires, l'accueil facile des étrangers, on explique aisément comment ce coin de terre devint un important marché international. Ce n'est pas toutefois qu'au point de vue économique les Flandres eussent alors en Europe le rôle que l'Angleterre a su conquérir dans le monde moderne ; à l'époque où nous nous plaçons, la direction commerciale et industrielle n'avait point cessé d'appartenir aux républiques italiennes, la civilisation était encore avant tout « méditerranéenne ».

Deux villes, Bruges et Gand, doivent être mises hors de pair.

Bruges fut l'entrepôt de l'Europe occidentale ; la nature lui avait attribué une situation privilégiée ; la large échancrure du Zwyn aux ramifica-

tions profondes fournissait aux navires une rade
sûre et spacieuse ; ainsi la ville devint par excellence
le port des Flandres. Son trafic était considérable ;
elle était visitée par les marchands des contrées les
plus éloignées et elle abritait dans son enceinte dix-
sept corporations étrangères. En dehors des calculs
et de la statistique, une simple considération fait
ressortir son caractère commercial : plusieurs des
pratiques économiques créées ou perfectionnées au
moyen âge par les peuples commerçants et notamment par les républiques italiennes y sont en honneur nombre d'années avant de devenir usuelles dans
les autres pays du nord et de l'ouest de l'Europe.
Les lettres de change apparaissent à Bruges dès
la fin du XIIIᵉ siècle ; vers la même époque, l'assu-
rance maritime y est employée, semble-t-il, contre
les risques de la guerre et de la piraterie ; les combinaisons du crédit sont mises à profit ; l'historien
note les aliénations de rente et les emprunts publics,
il constate la concession de « tables de prêt »,
moyennant une redevance payée à l'autorité communale ; une institution surgie dans les villes de
l'Orient latin reçoit du nom des van der Beurs,
propriétaires de l'édifice où se réunissent les négociants, le nom de « bourse », qu'elle porte encore
de nos jours.

Si Bruges était la ville de commerce, Gand était
la cité industrielle, où des milliers de travailleurs
ne se contentaient pas de produire les draps et les
toiles et d'alimenter par leur labeur les transactions
commerciales, mais se constituaient et s'organisaient
pour réaliser un gouvernement démocratique et
faire régner la justice. Sous ce rapport, l'histoire
politique de Gand est instructive ; nulle part, peut-

être, si l'on excepte Florence, l'organisation des
métiers n'a été aussi complète, aussi ordonnée ;
nulle part elle ne produisit plus complètement ses
effets bienfaisants, la prévalence de la notion de
solidarité, la sollicitude pour les compagnons de
lutte ; nulle part non plus elle ne manifesta à un
plus haut degré ses conséquences déplorables, l'exagération du monopole, la volonté d'empêcher toute
concurrence par la réglementation minutieuse, par
la surveillance assidue et au besoin par la force
brutale.

La politique néfaste des ducs de Bourgogne porta
les premiers coups à la prospérité des communes ;
atteintes dans leurs privilèges, elles furent frappées
aussi dans leur importance industrielle et commerciale. Les dissensions, les jalousies des villes
ajoutèrent au mal. Les complications intérieures,
les difficultés provoquées par la politique étrangère
éveillèrent les susceptibilités et les inquiétudes du
commerce international si prompt à s'alarmer et
à chercher un terrain plus propice dès qu'il aperçoit
quelque cause d'insécurité et de trouble. Malheur
plus déplorable encore, l'ensablement du Zwyn
enleva successivement à Bruges ses avant-ports,
Damme et l'Écluse, et à la fin du XVe siècle la ville
cessait d'être une des grandes places commerçantes
de l'Europe.

Anvers recueillit l'héritage : chez elle s'établirent
les corporations étrangères qui avaient aidé à créer
la situation internationale de Bruges ; elle ajouta
à ce legs et pendant un demi-siècle elle fut le centre
de transactions commerciales et financières que la
colossale extension du domaine géographique avait
centuplées. A son tour elle déchut, non par ses

fautes mais sous l'action des passions religieuses et
par la perfidie des nations rivales. Durant sa période
de splendeur deux traits surtout avaient caractérisé
son économie commerciale et administrative : un
grand esprit de liberté et l'admission des étrangers
sur la base de l'égalité.

Les villes hollandaises, depuis longtemps du reste
lancées dans les entreprises commerciales et maritimes, succédèrent à Anvers dans le commerce international. La situation géographique était exception-
nellement favorable. Il suffit de considérer que de
larges fleuves amenaient les produits de l'Allemagne,
de la Flandre, du Brabant et de Liége ; que quelques jours de voile seulement séparaient le pays de
la Norvège, de l'Angleterre et des côtes septentrionales de la France ; que découpée, dentelée par les
mers et les cours d'eau, la contrée était comme destinée par la nature à produire un peuple de marins.
Au lendemain de la conquête de leur indépendance, les Provinces-Unies constituèrent dans les
mers des Indes orientales un véritable empire dont
une compagnie prit la direction, à partir de 1602.
Aux termes d'une concession des États Généraux,
la société avait le privilège exclusif de la navigation
aux Indes orientales ; elle pouvait confisquer les
bâtiments étrangers ; elle avait le droit de faire la
guerre et de conclure la paix. Déjà en 1609, une
armée de 6,000 hommes, onze forts, neuf vaisseaux
de guerre attestaient la vitalité de l'institution ; au
milieu du siècle une longue série de découvertes,
d'annexions de territoires, de conquêtes confirmèrent
et complétèrent les premiers succès. Le monopole,
faut-il le dire, semblait être de l'essence même du

régime colonial : prohibition de tout négoce étranger, saisie de tout navire qui n'était point un navire hollandais. Sur la richesse même de la Néerlande, sur ses transactions commerciales, sur la situation qui lui fut reconnue dans les affaires européennes, la possession de fertiles colonies, la formation d'une des marines les plus puissantes du monde exercèrent la plus heureuse influence. Les Hollandais furent assez longtemps les « facteurs » du négoce ; l'industrie du transport leur appartenait presque exclusivement. Il convient de faire ressortir le fait : il fournit une explication naturelle de la politique suivie par la république dans des problèmes fondamentaux du droit des gens relatifs à la liberté des mers et au commerce des neutres. Au commencement du xvie siècle, un zélandais, Nicolas Everardi, le président illustre du grand conseil de Malines avait proclamé la liberté de navigation dans toutes les mers et dans tous les fleuves ; cent ans plus tard, Grotius combattit dans le *Mare liberum* les prétentions des Portugais et des Espagnols à la domination exclusive sur les mers des Indes orientales. Au xviie siècle, les Provinces-Unies luttèrent pour faire prévaloir dans les traités que le pavillon couvre la marchandise. c'est-à-dire que le navire neutre rend libres les marchandises qu'il porte quelle que soit leur provenance.

En un autre domaine les Provinces-Unies eurent une grande influence ; dans leurs villes, à Amsterdam surtout, se perfectionna le mécanisme des banques. L'Italie du moyen âge avait été l'éducatrice du monde des affaires ; elle lui avait donné une bonne et facile méthode de la tenue des livres et une excellente terminologie ; la Hollande

transforma et améliora plus d'un procédé, plus d'un
mode dans les opérations financières ; dans le système de la banque elle introduisit des innovations
que Londres mit à profit, notamment lors de la constitution, en 1694, de la Banque d'Angleterre qui
dut à ia pratique néerlandaise une partie de ses
statuts et peut-être même l'idée première de sa
création.

Aux modestes débuts de la Hanse avait assez
rapidement succédé une ère brillante ; la confédération qui se composait au xiiie siècle de quelques
villes en comprit bientôt jusque quatre-vingts. Le
vaste cercle de ses opérations mercantiles embrassa
les territoires que baignaient la Baltique et la
mer du Nord et s'étendit par ses ramifications
dans la Russie septentrionale et centrale.

Les délégués des confédérés donnaient aux affaires
l'impulsion générale, mais un vice de l'organisation
rompait l'action commune, c'était la faculté qui était
laissée aux cités d'adopter des mesures et de suivre
une ligne de conduite indépendamment de leurs
associés. Du reste, des groupements se formaient et
se défaisaient, plaçant telles et telles villes sous
l'hégémonie de quelque ville plus puissante.

La Hanse tâchait de se faire octroyer les privilèges les plus considérables. Ses comptoirs étaient
autant de territoires soustraits à l'autorité locale,
soumis uniquement, sauf pour les infractions graves,
au droit et à la juridiction des magistrats élus par
les hanséates ; des enceintes les protégeaient, quelquefois même de solides retranchements.

Au surplus l'impitoyable égoïsme était la marque
de sa politique : l'étranger ne pouvait prendre ser-

vice à bord des navires hanséates, il ne pouvait y charger ses marchandises ; toute association entre hanséates et non-hanséates était interdite.

Un chapitre intéressant de l'histoire de la Ligue est celle des efforts qu'elle tenta pour écarter des marchés du nord l'élément scandinave. Assez long-temps celui-ci avait eu le trafic de la Russie, d'une partie de l'Asie et de l'empire byzantin. L'île de Gotland formait un « emporium » fort fréquenté où les Slaves, les Grecs et même les Arabes rencon-traient les marchands septentrionaux. Peu à peu, l'élément germanique s'avança, fit reculer ses adver-saires, s'assura la prépondérance.

Le défaut capital que nous avons signalé dans l'organisation hanséatique, le manque de cohésion provenant de la faculté que possédaient les villes d'agir isolément, les grands progrès que firent des pays autrefois ouverts à leurs entreprises, la dévia-tion subite qui se produisit dans le commerce euro-péen quand l'Amérique fut découverte et que des routes maritimes nouvelles conduisirent vers l'Orient asiatique, tout cela amena la décadence. Vers le milieu du xviie siècle se tint la dernière diète han-séatique ; la Ligue ne comprit plus que Lubeck, Brême et Hambourg.

Sur le sol allemand s'étaient élevées des villes au gouvernement autonome, où bourgeois et artisans rangés dans les corporations et les métiers vivaient d'une vie active, fournissant au commerce les pro-duits naturels et les objets manufacturés. Matières premières, vins, étoffes précieuses, draps, toiles, armes et armures, bijoux, métaux bruts et travaillés étaient jetés sur des marchés que reliaient à l'Italie et à l'Orient les larges voies du Rhin et du Danube.

De puissantes maisons se formèrent dans quelques-unes de ces villes, qui se sont acquis un nom glorieux dans l'histoire du commerce. La vente des produits, les affaires financières, l'exploitation des mines faisaient l'objet de leurs combinaisons et de leurs spéculations ; au xvie siècle, elles dominèrent au delà des frontières allemandes ; elles eurent leurs bureaux et leurs correspondants dans les Pays-Bas, en Portugal, en Espagne ; elles prêtèrent aux rois ; elles firent le service financier des États ; elles tentèrent des entreprises devant lesquelles reculaient des gouvernements : la colonisation d'immenses territoires dans le nouveau monde.

Les Slaves apportèrent à l'œuvre générale leur part de collaboration. L'expansion de leurs tribus vers l'Occident avait été arrêtée par la race germanique et si sur certains points, comme l'Illyrie, la Macédoine et la Grèce, il y avait eu pénétration, sur d'autres, il s'était produit un recul, notamment là où s'était dressé contre elles l'Ordre Teutonique. Dans la Russie centrale où la stabilité avait été acquise, la race slave avait formé quelques villes parmi lesquelles il nous faut mentionner Novgorod. Situé dans la Russie centrale qu'arrosent des rivières appartenant aux trois systèmes hydrographiques de la mer Blanche, de la Baltique et de la mer Caspienne, « monseigneur Novgorod le Grand », comme s'intitulait la communauté, avait une organisation solide, un commerce étendu, l'amour des aventures. La ville trafiquait avec les Scandinaves et avec les hanséates ; elle étendait son action vers l'Asie ; elle entreprenait des expéditions mi-mercantiles, mi-pillardes. Une autre cité qui mérite d'être

signalée, était Pskof qui dans le traité de Bolotof
de 1348 contracta avec Novgorod un lien étroit :
Novgorod devint le « frère ainé » ; Pskof fut le
« jeune frère ».

Le tableau de l'activité industrielle et commerçante de l'Europe au moyen âge serait incomplet si
on n'y ajoutait quelques traits. Dans l'ensemble le
développement industriel forme l'accessoire restreint ;
la civilisation revêt un caractère agricole. A ce point
de vue même, il faut noter que la propriété privée
est loin d'être fortement constituée et que nombreuses sont les terres communes et même les terres
sans maître. La population était clairsemée ; souvent elle était décimée par les maladies, plus souvent encore par les famines et par les guerres. Les
guerres surtout furent l'horrible fléau de l'époque
médiévale ; point de paix ; toujours les luttes cruelles, sanglantes, entraînant plus de ruines encore par
leurs conséquences que par les hostilités proprement
dites. Les capitaux étaient rares ; l'épargne presque
nulle. Tout cela, sans doute, avec des modifications
et des atténuations ; si en certains pays la situation
était comme primitive, en d'autres, apparaissaient
des éléments de la société moderne.

Nous avons insisté déjà sur le caractère corporatif
de l'organisation économique. Au point de vue historique, les corps de métiers se rattachaient aux
groupes d'artisans créés dans les domaines des
grands propriétaires, à la suite des invasions germaniques ; les premières traces s'en trouvent au
xii⁰ siècle et il est certain qu'ils ont favorisé la formation des communes au lieu d'être une création

de celles-ci (1). Au point de vue logique, le travail
lui-même apparaissait comme un droit collectif, non
comme un droit individuel (2).

Dans son intéressant livre, *Le siècle des Artevelde*,
M. Vanderkindere a montré comment la protection
de l'homme était le principe essentiel du régime
économique du moyen âge, et comment le travail
était encouragé en vue du bien commun et non pour
fournir à quelques uns l'occasion de s'enrichir au
détriment des autres (3). Sauf des divergences de
détail imposées par les circonstances locales ou
ethniques, presque toute l'Europe offrait sous ce
rapport un même spectacle. Le but que poursuivait
la corporation était le règne d'une égalité propor-
tionnelle ; de là des mesures minutieuses, des précautions exagérées. La grande industrie était rendue
impossible ; l'accaparement des matières premières
était prohibé ; l'association était vue avec défaveur ;
le patron ne pouvait engager qu'un nombre très
restreint de compagnons et n'employer qu'un nombre limité de métiers. La concurrence du dehors
était écartée aussi bien que la concurrence de l'intérieur : point d'ouvriers étrangers quand il n'y
avait pas pénurie d'assistance dans la commune
même ; point non plus de produits d'autres localités analogues aux produits indigènes. Les intérêts
de l'acheteur faisaient l'objet de la sollicitude aussi
bien que les intérêts des vendeurs. Indications précises au sujet des preuves à fournir par les artisans
touchant leur habileté ; fixation dans la mesure du

(1) G. FAGNIER, *Études sur l'industrie et la classe ouvrière à
Paris au XIII* et au XIV* siècle*, p. 3.

(2) *Ibid.*, p. 178.

(3) L. VANDERKINDERE, *Le siècle des Artevelde*, p. 105.

possible d'un juste prix, conformément d'ailleurs aux théories des publicistes sur la légitimité de tout gain. La garantie des salaires était organisée autant qu'elle pouvait l'être ; des mesures étaient prises pour en empêcher la baisse aussi bien que pour mettre obstacle aux demandes d'élévation (1).

Il serait superflu de rendre hommage aux idées généreuses que respirait tout le système ; il serait tout aussi superflu de faire ressortir la dignité qu'il contribua à donner aux bourgeois et aux ouvriers. C'est par les corporations des arts et des métiers que dans la plupart des communes s'affirma le triomphe de la démocratie et que fut organisée la résistance contre l'oppression du pouvoir royal. Dans toute l'Europe, l'histoire des villes renferme des pages glorieuses et il ne faut pas oublier que lors du mouvement qui, au milieu du xiv\u1d49 siècle, aboutit à l'organisation du gouvernement communal de Paris, l'appui des corps de métiers soutint Étienne Marcel dans sa généreuse tentative.

On ne peut non plus ne pas rappeler que souvent les membres des corporations ou bien encore les ouvriers dont la profession ne se conciliait point avec la fixation et la stabilité des corporations, souffrirent pour la justice. Quand l'organisation officielle tâchait de s'imposer ou de se maintenir par de tyranniques mesures, d'obscurs héros se dressaient pour affirmer l'éternelle protestation. Ils étaient persécutés, traqués, châtiés. A peine cependant l'histoire signale-t-elle quelques unes de leurs tentatives. N'étaient-ils point des « insoumis » que frappait l'autorité, que reniaient même leurs frères moins

---

(1) L. VANDERKINDERE, ouvrage cité, pp. 106 et suivantes.

infortunés ? Les documents font défaut ; de rares
lignes attestent le fait même des conspirations ou
des révoltes. Les associations secrètes, les « frater-
nités de salaires », les coalitions des artisans ne
nous sont guère connues que parce qu'elles ont
provoqué des édits cruels ou qu'elles ont été l'occasion de sentences sanguinaires.

A Paris, une ligue dont les membres s'affilient
sous la foi du serment est déclarée illicite quand,
en 1358, s'affirme la politique de réaction ; les délégués des bourgeois des villes prussiennes rédigent,
en 1385, un règlement sévère pour terroriser les
« compagnons » élevant la prétention d'améliorer
leur sort : les « grévistes » sont condamnés à avoir
l'oreille coupée ; à Dantzig, apparaît plus tard la
coalition des patrons s'engageant à fermer leurs
ateliers durant une année aux ouvriers suspects ; à
Londres, des journaliers à gages se constituent en
fraternité, en 1387 ; ils se mettent ainsi en rébellion contre les corporations et les gildes officielles :
leur exemple est suivi ; mais les classes bourgeoises
ne tardent pas à faire prendre des mesures législatives pour réduire au silence les plaintes et les
revendications.

Au moyen âge, le servage est presque général
dans l'Europe occidentale. En quelques contrées
seulement il disparaît à partir du XIII⁰ siècle ; en
plusieurs il se maintient jusqu'au XVIII⁰ siècle, sous
des formes plus ou moins adoucies. Dans son application rigoureuse, le servage était véritablement
l'assujettissement à la terre ; même dans ses manifestations les plus anodines, il était la négation de
la dignité de l'homme. Les populations rurales ont
su revendiquer leur liberté et du XIV⁰ au XVII⁰ siècle

se sont produites des luttes acharnées.

En plus d'une contrée s'était maintenu l'esclavage antique.

Non seulement Vénitiens et Génois faisaient la traite, transportant des esclaves blancs sur les marchés des Musulmans, mais ils conservaient l'esclavage dans leurs villes, où, jusqu'au xv⁰ siècle, des esclaves des deux sexes furent vendus.

En 1481, un frère prêcheur pouvait rappeler à ses lecteurs que Venise ne comptait pas moins de trois mille esclaves originaires d'Afrique et de Tartarie, outre les esclaves de race slave. La république était soucieuse de garder les secrets de fabrication de ses produits ; de là une série d'édits relatifs précisément à l'emploi des esclaves et qui dénotent de façon irréfutable combien le travail servile devait être utilisé par l'industrie vénitienne : il était défendu de faire sortir des esclaves du territoire de la seigneurie et de les vendre au dehors, de peur qu'ils ne dévoilassent les méthodes et les procédés ; il était strictement interdit même d'en employer dans certaines professions. En 1368, une disposition expresse défendait d'introduire de nouveaux esclaves de langue tartare, parce qu'il y avait trop d'esclaves et que ceux de langue tartare étaient les plus turbulents et les plus dangereux.

Dans leurs colonies, Venise et Gênes maintenaient l'institution servile, qui subsistait d'ailleurs dans les principautés et dans les royaumes fondés par les croisés. Florence avait également des esclaves ; dans le dernier tiers du xIv⁰ siècle, on en vendit près de quatre cents, la plupart du sexe féminin.

Quelques rares villes italiennes échappèrent à la contagion et décrétèrent l'abolition de l'esclavage ;

7

ainsi, Pistoie en 1205, Verceil en 1243, Bologne en 1256. Mais ce furent des cas isolés.

Un fait en dit long au sujet de la Rome pontificale : en 1488, Innocent VIII recevait de Ferdinand et d'Isabelle environ cent Maures ; les malheureux étaient enchaînés ; le pape les distribua en cadeau aux cardinaux et aux premiers citoyens de la ville.

En Sicile, l'institution servile subsista au delà de la domination normande. Les constitutions des rois normands sont explicites ; plusieurs diplômes les confirment, et une charte de Frédéric d'Aragon de 1296 renferme des dispositions formelles.

L'Espagne chrétienne conservait également l'esclavage qui se maintint aussi sur quelques points du midi de la France ; au XIIIᵉ siècle, des Sarrasins étaient vendus à Narbonne, et Perpignan avait encore des esclaves en 1612.

Ce fut à la fin du XVᵉ siècle que se produisirent deux grands événements : la découverte du Nouveau Monde et celle du chemin de l'Orient par les mers australes. Depuis longtemps l'esprit des voyages lointains était éveillé. Sans remonter à l'antiquité, qui avait tenté de franchir les colonnes d'Hercule et de pénétrer dans ce fleuve immense, dans cet Océan enveloppant, selon les idées reçues, le pourtour extérieur du large disque que formaient les terres habitées, on peut citer les entreprises qui se sont succédé à partir du XIIᵉ siècle de notre ère. Des navigateurs génois avaient longé les côtes occidentales de l'Afrique ; d'autres avaient remonté vers le nord, visitant les rivages européens de l'Atlantique Les premiers marins de Gênes dont l'histoire d'Angleterre ait gardé le souvenir datent du règne

d'Édouard Ier (1). Les Catalans n'avaient pas tardé à
se livrer à de périlleuses expéditions et, à leur tour,
les Portugais avaient commencé la merveilleuse série
d'entreprises maritimes qui devaient les mener jusqu'à l'extrême Orient. En 1486, Barthélemy Diaz
dépassait notablement la pointe extrême du continent africain ; le 22 novembre 1497, Vasco de Gama
doublait le cap de Bonne-Espérance ; le 20 mai
1498, il abordait à Calicut. Les splendides pays du
Levant étaient désormais ouverts à l'action européenne. Le 12 octobre 1492, Christophe Colomb
avait pris possession, au nom de Jésus-Christ, pour
la couronne de Castille, de l'île San Salvador ; il
venait de découvrir tout un monde. Ainsi selon le
mot de Châteaubriand, « une nature nouvelle
apparaissait ; le rideau qui depuis des siècles cachait
une partie de la terre se levait ».

Les découvertes géographiques modifiaient de fond
en comble la situation mercantile. Nous ne parlons
pas seulement des richesses qu'elles firent affluer,
ni de l'impulsion qu'elles donnèrent à l'industrie, si
pas immédiatement du moins au bout d'un demi-
siècle ; le terrain même sur lequel opéraient les
peuples était comme transformé. Désormais les villes
italiennes étaient placées à l'arrière-plan ; la direction des affaires passait aux nations riveraines de
l'Océan atlantique. La péninsule ibérique, projetée
pour ainsi dire en avant, fut la première à mettre
à profit les données nouvelles, mais la suprématie
ne tarda pas à lui échapper pour devenir en des
parts inégales le lot de la France, des Provinces-
Unies, de l'Angleterre.

(1) E.-T. HAMY, *Études historiques et géographiques*, p. 3.

Ce n'est pas que le désastre atteignît les républiques italiennes sans qu'elles eussent conscience du danger. Déjà la marche menaçante des Turcs vers le bassin oriental de la Méditerranée avait été comme un solennel avertissement ; les voies du commerce asiatique étaient mises en péril ; les conquêtes des Ottomans en Syrie et en Égypte avaient dirigé les efforts de Venise vers l'alliance des populations slaves des Balkans et la recherche de routes terrestres reliant le négoce de la seigneurie à la mer Noire. La nécessité urgente d'utiliser les récentes découvertes fut signalée dès les premières années du XVIᵉ siècle par les diplomates de la république, et en 1512, des marchands vénitiens installaient leurs filiales à Lisbonne. Tout cela fut en vain ; la poussée vers l'Occident était irrésistible.

Au point de vue politique les conséquences des événements géographiques de la fin du XVᵉ siècle se manifestèrent surtout dans les combinaisons diplomatiques, les déplacements d'alliances, les ligues en vue d'acquisitions coloniales. L'Italie fut écartée du théâtre d'action ; réduite à l'impuissance, elle subit les plus dures épreuves ; l'étranger fut le maître de ses plus belles provinces ; presque partout domina le néfaste régime espagnol. Des pays jusque là prospères furent ruinés, tel le Milanais ; d'autres, comme la Toscane, après avoir joui d'une prospérité plus apparente que réelle, furent abandonnés par leurs enfants les plus habiles et les plus industrieux ; d'autres, enfin, furent livrés aux maux engendrés par une administration dont les rapines et les violences semblaient être l'unique programme, tels le royaume de Naples et la Sicile. Le territoire de l'Église s'était accru de possessions nouvelles ;

un économiste a pu dire que si l'on excepte le
règne de Sixte-Quint, il n'y a pas d'État en Europe
qui ait été aussi longtemps mal gouverné que celui
des pontifes romains. Gênes se lança dans les opérations financières : elle concentra en ses mains une
grande partie des spéculations et des emprunts.
Une ville fut traitée plus cruellement que toutes
les autres; ce fut Venise. Elle se vit traquée par
l'Espagne qui frappa de droits excessifs ses produits, ses marchandises, son industrie du transport ;
elle perdit ses possessions continentales et insulaires
d'Orient ; elle fut obligée de dépenser ses forces en
luttes incessantes avec les pirates de l'Adriatique ;
les phénomènes physiques lui furent adverses ;
malgré d'énormes travaux, les sables encombrèrent
les bassins et les passes, refusant toute issue aux
gros bâtiments et ne donnant accès qu'aux navires
de médiocre grandeur.

CHAPITRE V.

La politique commerciale.

Il est un passage de Libanius, le maître de saint Basile et de saint Jean Chrysostôme, que les auteurs du moyen âge invoquent assez fréquemment. L'illustre professeur de l'École d'Antioche montre la volonté divine dans le fait du commerce, « parce que dans sa sollicitude illimitée, le Créateur des cieux et de la terre n'a pas voulu que tout se trouvât uniquement dans un seul pays ». Les anciens publicistes basent précisément sur cette volonté le devoir qui s'impose aux hommes de dispenser des bienfaits et d'en accepter la réciprocité ; ainsi se forme, selon eux, ce qu'ils appellent la liberté du commerce des nations et qui est la faculté d'entrer, de séjourner et de faire le commerce dans un pays (1).

Les développements de la liberté de commerce entendue en ce sens apparaissent avec netteté. Concessions faites à certaines personnes, à certaines localités ou bien encore en vue d'époques déter·minées, telle est une première manifestation ; ensuite se produit la notion de l'entrée et du séjour libres du marchand étranger ; finalement triomphe, mais non de manière complète, l'idée de liberté de commerce. Dans la pratique même, à de rares excep-

---

(1) E. Nys, *Les origines du droit international*, p. 278.

tions, cette liberté demeure entourée de restrictions :
l'exportation ou l'importation de certaines marchandises sont prohibées ; certaines places seulement
sont ouvertes au négoce du dehors ; les modes d'importation et d'exportation sont réglementés ; ou bien
encore des taxes spéciales et des droits de douane
sont établis accordant des avantages à l'une ou à
l'autre nation (1).

Le libre échange est affirmé pour la première fois
peut-être par un écrivain français du commencement
du XVIIe siècle. Dans un livre intitulé *Le nouveau
Cynée ou discours d'Estat representant les occasions
et moyens d'establir une paix generalle et la liberté
de commerce par tout le monde*, Éméric Crucé
défend, en 1623, à la fois la cause de la paix et
les intérêts du commerce. Il admet, en ce qui concerne ce dernier point, que le prince retire quelque
argent des marchandises qu'on apporte et qu'on
transporte, mais il déclare qu'il doit user de modération et cela principalement pour les marchandises
nécessaires à la vie ; il fait l'éloge du négoce ; il
proclame qu' « il n'y a mestier comparable en
utilité à celui de marchand qui accroist légitimement
ses moyens aux despens de son travail et souventes
fois au péril de sa vie, sans endommagier personne » ;
il célèbre la situation idéale que créerait la communication largement ouverte entre toutes les nations.
« Quel plaisir, s'écrie-t-il, seroit-ce de voir les hommes
aller de part et d'autre librement et communiquer
ensemble, sans aucun scrupule de pays, de céré-
monies et d'autres diversitez semblables, comme si

_____

(1) G.-F. DE MARTENS, *Cours diplomatique*, t. III, *Tableau des relations extérieures de l'Europe.*

la terre estoit ainsi qu'elle est véritablement, une cité commune à tous (1) ! »

Faut-il rappeler que de longues années s'écoulent avant la proclamation nouvelle de ces beaux principes ? En effet, c'est au milieu du xviii° siècle qu'Adam Smith en Écosse et Turgot en France défendent la doctrine libérale.

Le premier écrit de Turgot sur un sujet d'économie politique date de 1756 ; Smith avait été lié d'amitié avec lui et avait connu personnellement la plupart des économistes qui s'étaient rangés autour de Quesnay. S'est-il inspiré des idées exposées en France ? La question semble devoir être résolue négativement. Fort probablement dès 1752 et dans tous les cas en 1753, il exposait dans son cours de philosophie morale, les principes qu'il développa, en 1776, dans son livre fameux, *Recherche sur la nature et les causes de la richesse des nations*, et il défendait, en 1755, devant les membres d'une société de Glasgow son système de liberté.

Une autre mention peut être faite. Dans la première partie de son *Histoire de Russie*, qui fut imprimée en 1759, Voltaire écrivait ces mots remarquables que « les Anglais obtinrent au milieu du xvi° siècle le privilège de commercer à Archangel sans payer aucun droit » et que « c'est ainsi que toutes les nations devraient peut-être négocier ensemble ».

Toutefois, décrire les efforts tentés pour introduire dans la pratique les principes de libre échange serait sortir du cadre de ces études : ils se produisent au xix° siècle.

(1) E. Nys, *Études de droit international et de droit politique*, pp. 301 et suivantes.

Au moyen âge, une note est prédominante : pres
que partout apparaissent des mesures de prétendue
nécessité ; en dehors de l'interdiction de tout commerce avec l'ennemi, il y a, comme l'observe M. de
Maulde la Clavière, « la surveillance extrêmement
active exercée en tout temps et par tout pays sur
l'exportation des denrées alimentaires spécialement
du blé (1). » Pas même n'est besoin de recourir à
une explication doctrinale au sujet de semblable
mesure, qui se ramène à la conception du premier
devoir d'une communauté, celui de veiller à l'alimen-
tation. Cependant, si on s'en tient à la théorie, on
peut noter les enseignements de nombreux auteurs.
L'idée aristotélicienne que la cité doit se suffire à
elle-même est développée par saint Thomas d'Aquin,
notamment dans le *De regimine principum*. Un
jurisconsulte qui fut mêlé aux affaires politiques
et administratives, André d'Isernia, considère la
matière de l'approvisionnement comme s'inspirant
uniquement des considérations d'utilité et approuve
toutes les restrictions que de « justes causes »
peuvent apporter au commerce. Bartole et Balde
montrent l'administration mal ordonnée occasionnant
les grandes disettes. A la fin du xive siècle, Henri
de Langenstein voit dans l'autorisation d'importer
et dans la prohibition d'exporter le blé un des
moyens de remédier aux famines.

Les disettes étaient fréquentes au moyen âge. Les
rendements du travail agricole étaient loin d'être
considérables ; les outils étaient rudimentaires, à
cause surtout du prix élevé du fer ; les modes

(1) R. DE MAULDE LA CLAVIÈRE, *La diplomatie au temps de
Machiavel*, t. III, p. 303.

d'exploitation étaient défectueux. De plus, en dehors des causes naturelles et notamment du manque de chaleur solaire, on constate presque constamment et dans tous les pays les ravages de la guerre. Nous avons déjà insisté sur ce sujet attristant. Luttes contre l'étranger, luttes entre membres de la même nation, luttes entre bourgeois de la même ville, tout cela se reproduit, dans toute l'Europe occidentale, avec une monotonie lugubre. A peine quelques années de répit ont-elles permis à une contrée de recouvrer le bien-être matériel, que des causes de dissensions, de combats surgissent. Sur certains points on voit se reproduire, même au xv⁰ siècle, la nécessité des repeuplements. La Provence est ravagée au xiv⁰ siècle par les guerres civiles et par les compagnies d'aventuriers ; au xv⁰ siècle, on essaie d'y amener des colons que finit par fournir l'Italie. Au xiii⁰ siècle, la Provence elle même avait donné au royaume de Naples conquis par Charles d'Anjou de nombreux immigrants.

L'insuffisance des ressources locales avait inspiré des mesures prohibitives à un tel degré qu'elles constituèrent des obstacles à l'unité nationale. Ce fut le cas pour la France ; ce fut également le cas pour l'Italie. En ce qui concerne ce dernier pays, un écrivain montre que le désir de conserver les blés est le principal facteur du particularisme italien (1) ; tous les gouvernements italiens suivent la même ligne de conduite et un publiciste va jusqu'à soutenir que lorsque, à un moment donné, Florence applique en cette matière le système de liberté, c'est non par principe, mais véritablement en désespoir

---

(1) R. DE MAULDE LA CLAVIÈRE, ouvrage cité, t. III, p. 301.

de cause, parce que toutes les autres méthodes
ont échoué (1).

La prohibition ne s'arrête point aux produits
indispensables à la subsistance. En certains pays,
elle devient générale. En France, le règne de
Louis XI est typique ; ce prince a recours aux
mesures extrêmes ; comme le dit l'auteur de la
Diplomatie au temps de Machiavel, il veut rendre
l'État fabricant, commerçant, armateur ; il établit
avec des ouvriers italiens des métiers de draps d'or,
de soie d'argent, de soie torse et filée, directement
soldés par le trésor royal, et pour couvrir cette
dépense il frappe d'un droit de douane les draps et
les soieries similaires venant de l'étranger ; il songe
à l'exploitation des mines ; il essaie d'amener l'industrie des transports en y consacrant des vaisseaux
royaux ; il édicte l'interdiction absolue de recevoir
en France toute épicerie du Levant qui n'arriverait
pas sur bateau français (2).

En Angleterre, fonctionne un mécanisme ingénieux destiné à réaliser une notion que nous avons
signalée déjà, celle de la possession des métaux
précieux constituant la richesse d'une nation. La
notion n'est pas particulière au moyen âge ; Rome
l'avait et des mesures étaient prises non seulement
pour prohiber la sortie du numéraire d'Italie, non
seulement pour empêcher plus spécialement les Juifs
d'envoyer de l'argent à Jérusalem, mais pour défendre aux provinciaux d'emprunter à Rome et pour

(1) ROBERT PÖHLMANN, *Die Wirtschaftspolitik der florentiner
Renaissance und das Princip der Verkehrsfreiheit*, p. 17, dans les
mémoires couronnés de la *Fürstlich Jablonowski'sche Gesellschaft*
de Leipzig, 1878.

(2) R. DE MAULDE LA CLAVIÈRE, ouvrage cité, t. III, p. 311.

annuler les engagements qui auraient pu être contractés. Le système des villes d'étape était, mis à
profit par le gouvernement anglais pour veiller à ce
que chaque opération faite par les marchands étrangers fût liquidée par un paiement en espèces. Un
fonctionnaire, *The King's Exchanger*, le « changeur
du roi », ayant ses substituts et ses employés, consta-
tait le paiement en espèces ; il déterminait la valeur
des monnaies étrangères en monnaie anglaise ; il
changeait les monnaies étrangères. Des statuts obli-
geaient les négociants étrangers à employer la monnaie anglaise qu'ils recevaient pour leurs marchandises à acheter des marchandises du pays. D'autres
statuts prohibaient l'exportation des monnaies d'or et
d'argent et souvent même des lingots d'or et d'argent. Le gouvernement prétendit s'immiscer dans les
délicates questions des lettres de change, et avoir le
monopole de leur négociation ; ce fut seulement, au
commencement du xvi⁰ siècle que s'imposa l'idée fort
simple que sans les lettres de change le commerce
extérieur était impossible. L'exportation des monnaies d'or et d'argent nationales continua à être
prohibée jusqu'en 1816 ; encore à cette date, l'exportation de l'or en barres, des monnaies étrangères et
des lingots provenant de la fonte des monnaies
étrangères était seule autorisée ; il est vrai qu'il
suffisait de l'affirmation sous serment que les barres
présentées à l'exportation avaient pareille origine et
que des intermédiaires prêtaient le serment qui
coûtait pour « l'or juré », comme on l'appelait, trois
demi-pence par once (1).

(1) JAMES E. THOROLD ROGERS, *L'interprétation économique de
l'histoire*, Traduction de É. CASTELOT, p. 169.

Dans les Flandres, prévalait généralement l'idée de liberté en ce qui concernait les céréales. Des variations se présentent ; mais la direction générale apparaît assez nettement. Après la fin tragique de Marie de Bourgogne, les États Généraux sont convoqués à Alost. Les instructions des députés de Bruges sont formelles sur le point qui nous occupe : ils voteront pour la liberté commerciale des céréales étrangères et pour la fixation du prix des grains indigènes de manière à ne pas entraver l'importation, attendu que la production du pays ne peut suffire aux besoins de la consommation intérieure ; les grains indigènes ne pourront être exportés, mais seront distribués entre les villes et châtellenies ; pour empêcher la hausse des prix, les députés proposeront l'achat à frais communs de provisions qui seront réparties entre les villes de Gand, Bruges, Ypres et leurs dépendances (1). Ceci se passe en 1482. Au commencement du xvi° siècle, l'exportation est fréquemment défendue ; en certaines années, notamment en 1521, l'importation étrangère est libre ; les marchands de tous pays peuvent décharger à Anvers, à Middelbourg et à Veere toutes sortes de grains sans payer de droits. Diverses mesures restrictives sont prises : défense notamment est faite de vendre à d'autres qu'aux marchands « publics », à peine de confiscation et de correction arbitraire. Au xvii° siècle, l'administration générale règle les questions de douane pour tout le territoire des Pays-Bas espagnols, mais ses décisions sont dictées par les voisins puissants et surtout par les Provinces-Unies.

_____

(1) Gilliodts-van Severen, *Inventaire des archives de la ville de Bruges*, t. VI, p. 226.

Les villes italiennes avaient organisé le système de l'*Annona*. Sous des noms divers se constituent presque partout des magistratures chargées du soin d'approvisionner les communautés. On admet non seulement que le gouvernement doit veiller à maintenir l'« abondance », mais qu'il doit avoir le monopole du commerce des grains. A Naples, une expérience libérale est tentée en 1471 : liberté du trafic est accordée aux étrangers aussi bien qu'aux nationaux, sans qu'un impôt vienne les frapper. Mais l'essai ne dure guère, et Diomède Caraffa loue le roi Ferdinand qui a rétabli le prélèvement par l'État du produit des moissons et la fixation du prix. La même maxime revient constamment chez les auteurs de l'époque, c'est que la famine est la cause principale des émeutes et des révoltes.

Dans le royaume de Naples s'étalait la plaie terrible, conséquence du régime des *latifundia* des derniers temps de l'empire romain. Les *tavoliere*, les « tables » de la Pouille, qui selon le mot d'un écrivain pourraient « être le grenier de l'Italie entière ou bien devenir un verger de vignes et d'arbres fruitiers (1) », forment encore en majeure partie un steppe inculte, uniquement propre au pâturage. Des siècles de mauvaise administration ont créé le mal : lors de la décadence de l'empire, la source principale du fisc fut le revenu perçu sur les bestiaux qui, l'été dans les montagnes et l'hiver dans les plaines, erraient sous la conduite des pasteurs sur les terres transformées en pâturages. Le gouvernement des rois ostrogoths, le régime des Longobards, celui des

---

(1) François Lenormant, *A travers l'Apulie et la Lucanie. Notes de voyage*, pp. 16 et suivantes.

princes normands, des princes angevins, des princes
aragonais se succédèrent, aggravant en réalité la
situation, 'empêchant la culture, établissant même,
comme fit Alphonse d'Aragon, une administration spéciale pour la surveillance des troupeaux nomades, qui
finit par produire la somme de 380,000 ducats d'or.
L'intérêt bien entendu du gouvernement semblait
être d'empêcher qu'aucune parcelle de cet immense
territoire fût livrée au travail et à l'activité de
l'homme, et de combattre, en conséquence, par tous
les moyens l'empiètement de ce travail et de cette
activité sur ce que l'on considérait comme un des
droits régaliens les plus importants de la couronne.
Un seul monarque avait tenté, mais en vain, de
porter remède : c'était l'empereur Frédéric II.

Selon la remarque d'un écrivain hollandais, dans
les Provinces-Unies, la liberté de commerce était
l'idée ancienne ; les droits imposés étaient considérés
comme un mal. Quand le pays eut vaillamment conquis son indépendance, ce furent les régions maritimes qui prirent la direction de la politique générale ;
c'est dire que plus que jamais les intérêts du trafic
furent l'objet d'une vive sollicitude (1). Des mesures
prohibitives admises ailleurs sans provoquer d'opposition étaient combattues en Hollande. Déjà en 1551,
Amsterdam élevait des réclamations parce que, dans
la défense des transports en temps de guerre maritime, le gouvernement faisait figurer la poix, le
goudron, le cuir, les mâts ; plus tard les marchands
de la même ville prétendaient avoir le droit de
continuer à faire le commerce avec l'ennemi en guerre

(1) O. VAN REES, *Geschiedenis der staatshuishoudkunde in Nederland tot het einde der* XVIII^{de} *eeuw,* t. I, p. 184.

avec leur propre pays, et cela comme facteurs, comme commissionnaires ; mettant leur programme en pratique, ils lui fournissaient de la poudre et des munitions. Une affirmation faite en 1625 par les États Généraux eux-mêmes donnait la note de la politique traditionnelle : « La vie, était-il dit, le bien-être, la réputation de l'État consistent dans la marine et dans le trafic maritime ».

La politique libérale ne se bornait pas aux questions de tarifs et d'impositions ; elle se montrait dans l'accueil fait aux étrangers auxquels les villes octroyaient facilement leur bourgeoisie et que les corporations et métiers recevaient dans leurs rangs, sans de bien dures conditions. Ce n'est pas qu'il n'y ait eu des actes d'intolérance ; mais, à tout prendre, ils formèrent l'exception. Les faits d'ailleurs sont là. L'affluence fut grande. Il suffit de rappeler les proscrits fuyant le fanatisme et le despotisme, s'échappant notamment des Pays-Bas espagnols, d'Allemagne, de France, à un moment donné d'Angleterre et de Portugal, et cherchant un refuge sur le sol néerlandais ; ils apportèrent leur activité, leur talent, leur industrie et la dignité morale que donnent les épreuves subies pour une noble cause. Il suffit de signaler les artisans venus des contrées voisines, comme la Frise Orientale et la Westphalie, les ouvriers danois et norvégiens si habiles dans l'art de la construction navale. Il suffit de mentionner enfin un élément ethnique dont l'action fut surtout bienfaisante, l'élément juif.

L'Espagne présente un tout autre spectacle. A la fin du xve siècle, la Castille vit appliquer un système aussi complet que possible de réglementation et de protection qui ne tarda pas à s'introduire dans

les autres pays espagnols. Une part excessive était
réservée à l'action royale, dont les efforts tendaient
à la création d'une industrie et à l'encouragement
de l'exportation, et qui ne reculait pas devant des
mesures ayant à la longue de désastreux effets. Il
suffisait que le résultat immédiat semblât fructueux.
Telle mesure, qui devait aboutir à la ruine de l'agriculture, était inspirée par le désir de favoriser
l'élevage des troupeaux dont les produits paraissaient
plus précieux et d'utilité commerçante plus directe ;
telle autre mesure prétendait contraindre le négoce
étranger à emporter en produits indigènes la valeur
de ce qu'il introduisait.

Cette politique économique s'étendit successivement
de la Castille aux divers royaumes soumis, dans la
péninsule, à la couronne d'Espagne. Le pays était
riche en productions brutes, surtout en laines, en
vins, en fer ; le gouvernement voulait former et
organiser la production industrielle. Dans le régime
qui fut appliqué et qui était une des manifestations
les plus complètes de ce « régalisme » qui, en beaucoup de contrées, a servi de transition de l'époque
médiévale à l'époque moderne, le système corporatif
était utilisé au profit de l'autorité royale devenue
prédominante. Du reste, les circonstances politiques
expliquent le cours des choses. Le pouvoir central
avait acquis une toute-puissance véritable, grâce
aux longues luttes contre les Maures et à la
victoire définitive de 1492 ; l'équilibre était rompu
entre la couronne et les différentes forces qui
jusqu'alors avaient pu agir à côté d'elle. Clergé,
noblesse, *comuneros* virent restreindre ou abolir leurs
droits. Au point de vue économique, la position,
toute de conquête, dans laquelle se trouva la royauté,

lui attribua d'immenses domaines : l'État devint le
plus grand propriétaire. Sans compter les terres
acquises par la couronne en vertu du droit du vainqueur ou ensuite de confiscations multiples, il y
avait la révocation de concessions territoriales faites
autrefois aux villes ; il y avait également l'annexion
des possessions étendues des maîtrises des ordres
militaires. Ce fut là une cause de faiblesse, un arrêt
subit pour l'activité individuelle, une occasion
fréquente de mesures inspirées par un intérêt pécu-
niaire immédiat.

Au surplus, la nation s'affaiblissait. « De saignée
en saignée, l'Espagne s'est évanouïe », écrit Miche-
let faisant allusion aux pertes occasionnées par l'expulsion des Juifs et des Maures et par l'émigration
d'Amérique.

Les guerres à caractère politique et religieux
avaient porté à un haut degré le patriotisme et le
fanatisme. Tout autant que ses dirigeants, le peuple
poursuivait le rêve de la domination exclusive de
l'élément espagnol et chrétien. Ainsi s'accomplirent
ces événements horribles, les persécutions des Juifs
et des Maures, les mesures atroces prises à leur
égard. Ainsi purent se perpétrer les crimes odieux de
l'Inquisition, institution à la fois religieuse et politique. Nous aurons à rappeler l'abominable traite-
ment que subirent les Israélites. Des édits cruels
frappèrent les Maures ; en 1502, tous ceux qui
n'acceptaient pas le baptême furent condamnés à
quitter le pays ; à partir de ce moment, les Maures
convertis, les « Morisques » furent l'objet d'atroces
persécutions. Au milieu du xvi\ siècle, des révoltes
éclatèrent ; en 1571, la répression sanglante eut
raison de toute résistance, et au commencement du

xvıı° siècle, l'expulsion finale s'accomplit avec des raffinements de perfidie et de cruauté.

La haine de l'étranger était générale : elle apparaît dans les mesures fiscales et douanières du gouvernement ; elle apparaît également dans l'approbation que donnaient à ces mesures les assemblées représentatives. Les lois portées contre les Juifs et contre les Maures privèrent l'Espagne d'agents actifs et industrieux entre tous, d'agriculteurs et d'artisans habiles et laborieux. Quand des étrangers entreprenants tentèrent d'occuper la place vacante, ils rencontrèrent l'opposition générale. En 1515, les Cortès de Castille demandaient qu'il fût défendu aux étrangers de demeurer dans le pays plus d'une année pour faire le commerce. Charles-Quint se vit accuser de les favoriser. En 1542, les États de Valladolid se plaignirent de l'ascendant que ceux-ci avaient pris déjà sur le commerce national ; ils faisaient valoir que la responsabilité du fait remontait au roi qui avait besoin de leur appui en Allemagne et en Italie ; ils ajoutaient que le gouvernement leur avait donné en consignation beaucoup de produits et que de plus ils achetaient toutes les laines, toutes les soies, tout l'acier, tout le fer. La conclusion était formelle ; les États demandaient que, sous des peines graves, il fût interdit aux étrangers de trafiquer dans le royaume, d'affermer aucune rente, d'acheter des laines, des bois, du fer, de l'acier, ni autres marchandises ou provisions, et d'être reçus au nombre des habitants des villes (1). C'était là l'idéal des économistes et des politiques à courte

---

(1) Sempere, *Considérations sur les causes de la grandeur et de la décadence de la monarchie espagnole*, t. I, p. 217.

vue du règne de Charles-Quint ; sous les gouvernements suivants, il ne tarda point à se réaliser.

Les territoires européens de la couronne d'Espagne ne furent pas seuls à servir de champ
d'expérience. Le Nouveau Monde fut gouverné
d'après les théories du monopole le plus strict. La
couronne propriétaire de tout le sol de l'Amérique,
tel était le principe fondamental. Défense fut faite de
laisser partir un navire pour les colonies d'un port
autre que Séville ; aucune marchandise étrangère
ne put être envoyée aux Indes ; l'étranger était
exclu ; l'Espagnol lui-même ne pouvait aller aux
Indes sans une autorisation expresse de la couronne,
autorisation donnée en général pour un terme
de deux années. Sous Charles-Quint, il y avait eu
quelques atténuations à ces mesures exagérées ; sous
son successeur, la politique prohibitionniste reprit de
plus belle et une loi défendit de vendre aux étrangers de l'or, de l'argent, des perles, des pierres
précieuses et autres produits, ainsi que toute espèce
de marchandises. Le Mexique, notamment, vit appliquer dans toute sa rigueur le régime de monopole
dont M. Élisée Reclus a fait la saisissante description. « Toute contravention aux lois fiscales était
sévèrement punie et souvent entraînait la mort. Il
était interdit sous peine capitale d'avoir des relations avec les étrangers ; même les naufragés
étaient mis en prison, parfois même exécutés, de
peur qu'ils n'entamassent avec les indigènes des
négociations commerciales ; les chemins qui se dirigeaient vers la mer étaient systématiquement abandonnés et le vide se faisait sur le littoral mexicain...
On en vint à ne laisser partir de Vera-Cruz la flotte
à destination d'Espagne qu'une fois tous les trois

ans, et c'eût été un crime contre l'État d'aborder dans un autre port que Séville ou Cadix (1). » La recherche des mines de mercure était prohibée, et jusqu'en 1803 la culture de la vigne et de l'olivier fut interdite ; tout cela pour ne pas léser les privilèges des Espagnols.

_____

(1) ÉLISÉE RECLUS, *Nouvelle géographie universelle*, t. XVII, *Les Indes occidentales*, p. 113.

CHAPITRE VI.

Les théories économiques au moyen age.

Les théories économiques se développèrent avec une certaine vigueur à partir du XIII° siècle. Elles se greffaient au début sur les questions purement politiques ; bientôt elles se rattachèrent aux doctrines morales et elles finirent par se constituer plus ou moins indépendantes d'autres problèmes ou d'autres sciences. Alors se fit l'examen détaillé de quelques questions importantes, comme celles de la légitimité même des besoins, du caractère licite du prêt' à intérêt, de l' « innocence » de certaines opérations mercantiles. Il n'y avait point encore de grandes écoles se disputant la direction suprême de l'économie des nations ; mais les germes étaient jetés qui devaient produire l'important mouvement du XVIII° et du XIX° siècle.

Une puissance spirituelle se faisait remarquer surtout par sa ténacité à faire prévaloir diverses idées ; c'était l'Église catholique, poussée tantôt par l'esprit de renoncement aux richesses de ce monde, fidèle ainsi à ses origines, tantôt par la volonté de former une société politique et de constituer sur la terre une organisation modèle donnant satisfaction aux aspirations de l'humanité vers le bien-être matériel. C'est, en effet, à ce double point de vue que doivent être envisagées les décisions et les affirmations des conciles, des papes, des penseurs du moyen âge, si l'on veut se rendre compte d'une contradiction apparente : la condamnation des opéra·tions de lucre, puis aussi leur réglementation. Les dirigeants de l'Église oscillent entre deux extrêmes ; d'un côté se place l'idéal monastique, legs du christianisme oriental ; de l'autre côté apparaît la forte impulsion des juristes et des hommes d'État.

Le christianisme primitif n'était guère favorable au commerce ; selon le mot de Laurent, il le tolérait plutôt qu'il l'approuvait (1). Dans l'Église l'hostilité envers les entreprises de lucre était générale. Dès le début, l'autorité religieuse frappa de pénalités les clercs qui s'adonnaient au prêt à intérêt ; ses efforts tendirent à amener le pouvoir civil à édicter à son tour des mesures prohibitives de pratiques qui étaient en opposition directe avec les idées d'abné-gation. En Orient, les empereurs se bornèrent à fixer le taux de l'intérêt ; en Occident, les capitu-laires de 789 et de 806 introduisirent des défenses absolues et les gouvernements, qui s'établirent suc-cessivement dans l'Europe occidentale, suivirent en général l'exemple qui avait été donné par la monar-chie carlovingienne.

Que la situation fût anormale, le fait est indé-niable : toute somme perçue au-dessus du capital était regardée comme usuraire ; or, la force des choses s'élevait contre la rigidité des lois. Le conflit devait surgir à chaque instant et l'événement ne prouva que trop combien l'application rigoureuse des lois entraînait de maux et combien aussi résultaient

---

(1) F. LAURENT, *Études sur l'histoire de l'humanité*, t. IV, *Le christianisme*, p. 238.

d'inconvénients d'une application isolée des mesures législatives.

Si l'on examine la situation du monde chrétien au xiii⁰ siècle, on constate que deux courants se produisent avec intensité. Dans l'une direction agissent les partisans des théories évangéliques ; dans l'autre, les hommes pratiques.

Les ordres religieux remplissaient dans les luttes un rôle prépondérant et au premier rang se plaça l'ordre des frères mineurs. La signification historique de l'ordre de saint François d'Assise est grande surtout au point de vue des idées démocratiques ; beaucoup de Franciscains -- et des meilleurs — étaient des esprits inquiets, portés instinctivement à s'insurger contre les opinions reçues, animés d'un véritable souffle révolutionnaire. Ne l'oublions pas, à différentes reprises, les papes songèrent à supprimer l'ordre de saint François ; ils excommunièrent, ses chefs ; ils firent poursuivre, condamner, brûler nombre de ses membres. Au xiii⁰ siècle, des adeptes du Séraphique poussaient à l'extrême la théorie de la désappropriation qui était au fond de leur règle ; selon eux, toute propriété était interdite ; il ne restait plus que le simple usage des choses nécessaires à la vie. Pierre-Jean d'Olive était formel sous ce rapport ; il n'accordait à ses frères que l'usage des aliments indispensables à l'existence quotidienne, et les objets, bréviaires ou vêtements sacrés, qui servaient à l'office divin ; se rattachant à l'*Évangile éternel* de Joachim de Flore, il annonçait un état futur de l'Église plus parfait que le précédent, dont saint François était le précurseur (1).

_____

(1) E. Nys, *Les initiateurs du droit public moderne*, p. 35.

L'influence de ces doctrines devait se manifester dans la question spéciale qui nous occupe ; une Église s'inspirant des idées d'abnégation absolue aurait abouti à la condamnation de toute transaction commerciale ou économique ; mais le sens de la réalité l'emporta et quand des sectes religieuses essayèrent d'organiser le monde chrétien conformément aux théories évangéliques, elles furent condamnées, excommuniées, persécutées. La direction pratique prévalut ; parmi les causes figure au premier rang l'influence du génie romain. Reconnaissons-le, cependant, ce n'est point que la lutte contre l'esprit de lucre fût abandonnée ou que l'Église cessât de prêcher l'idéal de renoncement et de détachement des biens matériels ; seulement toute thèse extrême fut écartée.

Si l'on examine de près la face politique des problèmes, on constate que les théories quelque peu solides s'appuient sur Aristote et datent surtout de l'époque où la *Politique* du grand écrivain fut connue dans le monde occidental (1). Il est permis de se demander si l'influence d'Aristote n'eut pas pour effet d'empêcher l'éclosion d'œuvres véritablement nationales et consacrées aux institutions représentatives qui s'élevaient alors dans tous les pays de l'Ouest. Mais quelle que soit la réponse faite à la question, il est certain que la doctrine grecque eut un avantage précieux. Aristote avait été le protagoniste ardent de la liberté politique ; un de ses dogmes, le principe dominant, était précisément celui de l'égalité pour tous les membres politiques de la nation.

(1) Voir plus haut, Introduction, p. IV.

Quelques écrits peuvent être cités dans la première moitié du XIIIᵉ siècle qui n'ont pas grande importance ; les uns sont relatifs à la puissance royale ; les autres, comme l'*Oculus pastoralis* assez souvent mentionné, forment des instructions pour le gouvernement des républiques italiennes. Viennent ensuite des ouvrages plus considérables, notamment ceux de saint Thomas d'Aquin.

Comme l'a dit un auteur, saint Thomas d'Aquin est le premier qui ait longuement commenté la *Morale à Nicomaque* et la *Politique* ; il est le premier aussi qui ait entrepris d'écrire dans les mêmes principes et à l'usage de son temps un traité général de politique (1). Il a fait entrer un grand nombre de questions dans sa *Somme théologique* ; il en a discuté beaucoup d'autres se rattachant à notre sujet plus ou moins directement dans ses commentaires sur l'*Éthique* et sur la *Politique* et dans les pages du *De regimine principum* qui sont son œuvre personnelle.

Le trait caractéristique de saint Thomas d'Aquin est son esprit de modération. Il résume et coordonne les doctrines ; il s'attache à prendre le juste milieu ; en règle générale, il se garde de toute innovation exagérée ; il procède dans son œuvre avec sagacité et avec méthode. Il est la représentation exacte du professeur du moyen âge et, de fait, sa vie se passe presque tout entière dans l'enseignement, à Cologne, à Paris, en Italie où il accompagne les papes dans leurs diverses résidences pendant les douze dernières

(1) *Essai sur les doctrines de saint Thomas d'Aquin* par H.-R. FEUGUERAY, précédé d'une notice sur la vie et les écrits de l'auteur par BUCHEZ, p. 11.

années de son existence (1).

L'illustre scolastique distingue entre les sciences
spéculatives et les sciences pratiques ; parmi ces
dernières il donne la supériorité aux sciences morales sur les sciences physiques et parmi les sciences
morales il attribue le premier rang à la politique,
qui a pour objet la *communitas civitatis*, la communauté de la cité, c'est-à-dire « ce que la raison
humaine peut constituer de plus élevé ». Ici même
apparaît une application de la distinction fondamentale du naturel et du surnaturel ; au-dessus de
la politique rationnelle et philosophique se place la
politique théologique qui lui donne un caractère
nouveau.

Que si l'on se rapproche de la face économique,
on voit saint Thomas montrer dans la société un
fait naturel à l'homme. Les hommes, dit-il, ont un
droit naturel sur les choses, non en ce sens qu'elles
leur appartiennent en elles-mêmes, — elles n'appartiennent qu'à Dieu, — mais en ce sens qu'ils ont
le droit de s'en servir pour leur utilité comme de
choses faites pour eux. Il distingue le droit d'admi-
nistrer et le droit d'user. Il montre le droit positif
partageant les choses quant à l'administration et
quant à la disposition, et instituant la propriété privée
en place de la communauté primitive. Saint Thomas n'insiste pas beaucoup sur les problèmes que
soulève le droit d'user. Ces problèmes se rapportent
à l'étendue même du droit d'usage, au point de
savoir si le détenteur est tenu de communiquer ses
biens en vertu d'une simple obligation morale ou
bien d'une obligation légale, et au point de savoir

(1) H.-R. FEUGUERAY, ouvrage cité, p. 17.

si, en présence d'un semblable devoir du détenteur,
tout homme a le droit de prendre, en cas de nécessité, de quoi suffire à ses premiers besoins sur le
superflu des autres (1).

On touche ici à une des conceptions en honneur
chez plusieurs penseurs du moyen âge, partisans de
la communauté des biens. Une glose du Décret de
Gratien porte que la possession commune est la
plus douce des choses, « *Dulcissima rerum possessio
communis est* ». N'y a-t-il point là une adhésion aux
théories communistes qui se manifestent dans une
grande partie de l'Occident et qui provoquent à la
fois les anathèmes des conciles et des papes et les
atroces édits de la puissance laïque ?

Une autre question se présente tout naturellement,
celle de la légitimité du commerce. Saint Thomas
n'est point favorable au commerce. Il y voit quelque
chose de honteux quand le but est le gain ; il exige
que l'exercice en soit purifié par une intention
honnête. Il ne veut pas que le peuple subsiste
uniquement par des échanges avec d'autres peuples ;
il préfère l'idéal aristotélicien, la société politique se
suffisant autant que possible avec ses propres
ressources, échappant à la dépendance totale des
sociétés politiques voisines ; il admet la nécessité du
négoce, mais il désire qu'il se fasse modérément :
« *Oportet quod perfecta civitas moderatè mercatoribus
utatur* » (2) ; il manifeste ainsi une préférence marquée pour l'agriculture, comme ressource principale à
laquelle il voudrait joindre un commerce restreint.

Dans la défaveur avec laquelle l'auteur de la

---

(1) H.-R. FRUGUERAY, ouvrage cité, pp. 178 et suivantes.
(2) C. JOURDAIN, *La philosophie de saint Thomas d'Aquin*, I, p. 433.

Somme de théologie envisage le négoce se retrouve l'influence d'un homme considérable de la première moitié du XIIIᵉ siècle, de saint Raymond de Peñaforte, l'auteur de livres remarquables et le rédacteur principal du recueil de décrétales promulgué par Grégoire IX. Celui-ci va jusqu'à frapper d'une réprobation commune tous ceux qui achètent des denrées pour les revendre à un prix plus élevé ; il fait uniquement exception en faveur des artisans transformant par leur travail la matière première, le fer, le plomb, ou le cuivre, auxquels il permet, comme rémunération de leur peine, de bénéficier sur la revente (1). Saint Thomas d'Aquin atténue la condamnation prononcée par saint Raymond de Peñaforte, ou plutôt il élargit les exceptions ; il admet la destination légitime et le caractère licite du négoce quand le marchand demande à son commerce un bénéfice modéré pour soutenir sa famille, pour venir en aide aux pauvres, pour se rendre utile à la généralité des citoyens ou bien encore pour obtenir une récompense de son travail.

Chez les autres écrivains, canonistes ou théologiens, se présentent à des degrés divers les mêmes sentiments que chez le « docteur angélique », et un auteur a pu dire que l'œuvre doctrinale du moyen âge est l'enseignement de la morale économique, en conformité aux principes de la justice et de la charité chrétienne, et en application aux faits sociaux de l'époque (2). L'observation s'applique à la plupart

(1) C. JOURDAIN, *Excursions historiques et philosophiques à travers le moyen âge. Mémoire sur les commencements de l'économie politique dans les écoles du moyen âge*, p. 438.

(2) V. BRANTS, *L'économie sociale au moyen âge. Coup d'œil sur les débuts de la science économique dans les écoles françaises aux* XIIIᵉ *et* XIVᵉ *siècles*, p. 3.

des développements qui ont été donnés aux théories. Nous aurons à signaler les péripéties de la lutte dans le domaine des idées. Dès maintenant nous pouvons signaler l'ampleur du débat et la variété des questions qui surgirent et parmi lesquelles la notion scientifique du crédit apparut au premier plan.

A examiner notre civilisation européenne, on peut placer dans les derniers siècles de l'époque médiévale le début de la notion scientifique du crédit. Alors se produisirent de profondes modifications dues à l'accélération de l'activité commerciale et industrielle ; alors se multiplièrent des opérations financières aux formes diverses qu'amenèrent les exigences d'un domaine géographique s'étendant sans cesse. Le crédit, la mise à la disposition d'autrui d'un capital déterminé, présente comme première opération le payement différé ; il finit par susciter l'utilisation même de la créance (1). S'il est à l'origine une nécessité inéluctable de la vie des sociétés pauvres, il en arrive à constituer un instrument de production.

Quelques points de repère sont instructifs. Les inventions économiques et juridiques transmises par les plus anciennes civilisations au monde hellénique et au monde romain, et qui formaient un fonds commun de la civilisation européenne, se plièrent aux exigences changeantes de l'activité de l'homme ; elles se perfectionnèrent à mesure qu'à des besoins nouveaux durent correspondre des procédés plus habiles, plus délicats, plus expéditifs. Seulement, à côté du mouvement ascendant, à côté des indéniables

(1) J.-B. MAURICE VIGNES, *La science sociale d'après les principes de Le Play et de ses continuateurs*, t. I, p. 343.

améliorations se constate le phénomène que les conditions essentielles du fonctionnement même du crédit furent l'objet d'attaques passionnées qui les mirent en péril et qui, si elles avaient passé de la théorie à la réalisation, auraient fait crouler l'ingénieux édifice : la doctrine de l'*usuraria pravitas* se constitua autour de l'idée fondamentale de l'assimilation de tout gain à l'usure et du principe que le profit n'était légitime que dans des cas exceptionnels.

L'esprit méthodique des penseurs du moyen âge s'ingénia à aligner les classifications diverses, à examiner sous toutes leurs faces les données multiples du problème. Dans sa plus large acception, le négoce finit par être subdivisé en négoce « économique », en négoce « politique », et en négoce « lucratif », ayant pour but la satisfaction des besoins de l'individu, ou du peuple, ou bien encore un gain. Alors se manifesta dans chacune des institutions économiques ou juridiques destinées à favoriser les opérations commerciales, la tendance à excuser, à légitimer l'esprit de lucre, à faire valoir au besoin les circonstances atténuantes qu'il pouvait invoquer. Si certains écrivains allèrent jusqu'à flétrir la spéculation sous quelque forme qu'elle se fît, s'ils blâmèrent l'esprit de lucre dans toutes ses manifestations, si, remontant plus haut, ils lancèrent au riche le mot terrible de saint Jérôme montrant que toute richesse provient de l'iniquité : « *Omnis dives iniquus aut heres iniqui* », loin d'être suivis dans leur farouche doctrine, ils suscitèrent la contradiction, ils provoquèrent la réfutation et ils finirent par voir échouer leurs efforts et triompher la thèse même qu'ils combattaient.

La lutte au sujet de la *pravitas usuraria* dura

plusieurs siècles. Le pouvoir dirigeant de l'Église ne
cessa de se montrer hostile aux opérations de lucre
et, en règle générale, l'École suivit l'enseignement
des papes et des conciles avec d'autant plus de
docilité qu'il reproduisait la conception aristotélicienne sur la stérilité de la monnaie. Des auteurs
n'en réagirent pas moins contre une attitude qui
leur semblait en contradiction avec la loi naturelle ;
ils soulevèrent de longues discussions au sujet du
principe de la légitimité du gain et au sujet des
institutions économiques et juridiques, imaginées ou
développées non seulement pour favoriser les transactions commerciales, mais aussi pour éviter dans
la mesure du possible les condamnations ou les
flétrissures prononcées contre l'esprit de lucre. Au
XVIᵉ siècle apparut même la reconnaissance officielle
de l' « innocence » de quelques-unes de ces institutions ; au XVIIᵉ et au XVIIIᵉ siècle, la tolérance
s'étendit davantage encore, et actuellement, à quelques exceptions près, les dures règles d'autrefois
touchant la *pravitas usuraria* ont faibli non seulement dans la pratique, mais encore dans la théorie.

Nous avons cité la doctrine de saint Thomas
d'Aquin. Un contemporain, Henri de Gand, admet
la légitimité du gain basé sur les changements que
les denrées subissent entre les mains de ceux qui
les achètent pour les revendre, changements de lieu,
de temps, de condition ; il agrée la combinaison
de deux éléments ; il concède que l'artisan forgeant
une barre de fer réclame à la fois le prix du métal
et le prix du travail.

Duns Scot, qui sur les autres points s'écarte assez
généralement de l'opinion de saint Thomas d'Aquin,
fait entrer dans l'estimation de la vente le labeur

que les marchandises ont coûté et les risques qu'elles
font courir!

André d'Isernia, professeur à Naples, avocat fiscal
et juge « pour toutes les affaires des Génois dans
le royaume », se prononce non seulement pour la
légitimité du commerce, mais pour son caractère
utile, bienfaisant, pour son indispensable nécessité
dans la société humaine.

Il serait aisé de fournir d'abondantes citations ; la
plupart des auteurs expriment leur adhésion à l'une
ou à l'autre opinion. Contentons-nous d'appeler
l'attention sur un ouvrage curieux, le pénitentiel
attribué longtemps à Jean de Salisbury et qui, en
réalité, est de Thomas de Cobham, sous-doyen de
Salisbury, promu, en 1313, au siège archiépiscopal
de Cantorbéry (1).

La proposition principale est l'affirmation que les
laïques seuls peuvent faire le négoce ; l'auteur hésite
à approuver que les moines et les prêtres se livrent à
un commerce quelconque. Pour les laïques même, il
distingue trois genres de commerce ; il autorise la
vente avec un bénéfice modéré, soit dans un autre
temps, soit dans un autre lieu ; il tolère le profit
quand les matières premières ont subi une transformation dans un but d'utilité publique, comme
lorsqu'il s'agit de fabrication d'instruments ou de
vêtements ; il réprouve tous les négoces, tous les
métiers, tous les arts qui ne sont point directement
utiles. Sur ce dernier point, Thomas de Cobham ne
fournit guère de détails, mais un autre écrivain,

(1) *Notice sur un pénitentiel attribué à Jean de Salisbury*, par
HAURÉAU, dans les *Notices et extraits et manuscrits de la Bibliothèque nationale et autres bibliothèques*, t. XXIV, deuxième partie,
p. 271.

Pierre le Chantre, *Petrus Cantor*, donne des indications dans le *Verbum abbreviatum*. Selon lui, les arts véritablement utiles sont ceux de l'agriculteur, du peaussier, du tanneur, du cordonnier, du charpentier, du tisserand, pour citer quelques exemples ; les arts inutiles sont ceux des ciseleurs et des orfèvres dorant les selles et les éperons, pour énumérer quelques cas. Une distinction s'établit généralement en ce qui concerne les peintres (1).

Les discussions relatives au prêt à intérêt suscitèrent un nombre considérable d'écrits.

L'autorité d'Aristote pouvait être invoquée avec plus de raison que l'autorité des livres saints ; des passages de l'Écriture se contredisaient ; le langage du Stagirite était net : il condamnait le prêt à intérêt au nom de la logique, il le dénonçait comme une chose exécrable parce qu'il était un moyen d'acquisition tiré et engendré pour ainsi dire de la monnaie elle-même, la détournant de sa destination. Une société, du reste, avec laquelle l'Europe occidentale était en rapports constants, le monde musulman tout entier, avait tenté de prohiber tout gain illicite par le prêt à intérêt, par le jeu et par la spéculation sur les métaux précieux ou sur les denrées alimentaires. La condamnation était formelle ; elle émanait du Prophète lui-même qui avait voulu empêcher, dans l'organisation qu'il fondait, le retour des maux entraînés par le paupérisme et la misère d'un côté, par la richesse et le superflu de l'autre. On l'a fait observer : les faits ont donné un démenti à Mahomet ; il a été constaté une fois de plus que

---

(1) HAURÉAU, travail cité, p. 280.

le droit positif doit nécessairement errer quand il prétend empiéter sur le domaine de la conscience et intervenir au libre jeu des transactions des hommes (1).

L'usure n'a point cessé de ronger les populations musulmanes ; mais la proscription de l'intérêt du capital a affaibli dans leur sein le mobile puissant du crédit et elle aurait annihilé complètement l'esprit d'aventure qui avait fait des Arabes les premiers commerçants du monde, si les défenses avaient été fidèlement observées et si les raisonnements subtils, les habiles distinctions, les inventions d'un génie ethnique souple et délié n'avaient suscité des modes suffisamment pratiques pour éluder, tourner au besoin d'expresses manifestations de la volonté du fondateur de l'islamisme. Du reste, le monde européen fit son profit de ces institutions ; qu'on songe à une forme mahométane de l'association commerciale, à la commande qui se répandit le long des rivages chrétiens de la Méditerranée.

La prohibition de l'intérêt de l'argent fut à un moment donné comme la condition première de l'organisation économique que les théologiens et les canonistes prétendaient réaliser ; les débats qui y avaient trait constituèrent ainsi assez longtemps la forme principale de la science qui prit plus tard la désignation d'économie politique. Les arguments aristotéliciens, les textes de la Bible et de l'Évangile, les écrits des Saints Pères étaient tour à tour invoqués. Des maximes étaient également mises en

---

(1) *Code musulman* par KHALIL IBN IS' KAK. Texte arabe et nouvelle traduction par N. SEIGNETTE. Introduction, pp. XXIX et suivantes.

avant, représentant un prétendu droit naturel ;
on disait que dans le prêt la propriété passe à l'emprunteur ; que l'intérêt se base ainsi sur une chose
qui n'appartient plus au prêteur ; on faisait valoir
que l'usage de l'argent et des autres choses qui se
consomment par l'usage ne peut être vendu indépendamment de la chose elle-même et qu'exiger le prix
de la chose et le prix de son usage, c'est en réalité
la vendre deux fois.

Il est inutile d'analyser les écrits souvent fort
longs des théologiens, des canonistes, des civilistes
du moyen âge sur le sujet qui nous occupe. Nous
indiquerons les principaux auteurs ; nous signalerons
au besoin les tendances qu'ils manifestent avec
plus ou moins de vigueur. Tous se plaisent à
énumérer les arguments, à soulever des objections
aussitôt réfutées, à examiner sous toutes leurs faces
les problèmes qui surgissent ; ils se montrent inven-
tifs quand il s'agit, sous la pression des faits et sous
la poussée de la nature même des choses, de justifier des séries d'exceptions à la règle générale de
la prohibition de l'intérêt de l'argent. La pratique,
hâtons-nous de le dire, avait précédé la théorie ; les
violations des défenses étaient fréquentes ; des auteurs
du moyen âge ont pu écrire de longues pages pour
les signaler. Ainsi Raymond de Peñaforte dans sa
Somme pastorale ; ainsi Mathieu Paris. Un auteur,
Guillaume Durant, fait la remarque qu'on traite plus
du vice de l'usure précisément parce que le nombre
des pécheurs est si grand.

La théorie scolastique sur l'intérêt de l'argent se
constitue au XIIIe siècle. Les premiers auteurs se
contentent, en général, de mentionner les défenses

édictées. Tel Alexandre de Halès, le « docteur irré-
fragable », tel Albert le Grand, tel aussi saint
Bonaventure, « le docteur Séraphique ». Saint Thomas d'Aquin donne au débat plus d'étendue ; il
l'expose en de nombreux passages de ses grands
ouvrages, de ses *Questions sur le mal*, de ses *Ques-*
tions quodlibétiques, de son *Commentaire sur le*
Maître des sentences et de sa *Somme de théologie* (1).

La notion de l'usure est ramenée successivement
dans des limites plus étroites par l'admission de
dédommagements légitimes. Un premier point semble incontesté, c'est que l'intérêt est licite quand il
y a *damnum emergens*, c'est-à-dire quand le créancier subit une perte, et quand il y a *lucrum cessans*,
c'est-à-dire quand il est privé d'un gain. A ces deux
titres, Duns Scot ajoute la peine conventionnelle,
pœna conventionalis, et le risque, le *periculum sortis ;*
il borne la peine conventionnelle à la compensation
des dommages réellement subis par le retard dans
la réception de ce que lui doit l'emprunteur, mais
d'autres écrivains l'étendent.

La tolérance s'introduit d'ailleurs dans le droit
positif ; celui-ci est loin encore de l'idée de liberté,
mais des institutions, des pratiques se présentent
sous la protection tantôt avouée, tantôt discrète de
l'autorité laïque. Les villes italiennes donnent l'exemple qui est suivi dans presque toute l'Europe occi-

---

(1) C. JOURDAIN, *Excursions historiques et philosophiques à tra-*
vers le moyen âge. Mémoires sur les commencements de l'économie
politique dans les écoles du moyen âge, pp. 434 et suivantes. —
F. X. FUNK, *Ueber die ökonomischen Anschauungen der mittel-*
alterlichen Theologen. Beiträge zur Geschichte der Nationalöko-
nomie, dans le *Zeitschrift für die gesammte Staatswissenschaft*,
t. XXV, pp. 125 et suivantes. — Le même, *Geschichte des Kirch-*
lichen Zinsverbotes.

dentale. Quand, en 1322, le roi de France prend
l'engagement de ne lever ni faire lever d'amende
quelle qu'elle soit à l'occasion des usures qui ne
dépasseraient pas un denier la livre par semaine,
on voit le clergé donner son consentement tacite à
l'ordonnance. Il est même des opérations importantes
qui échappent aux lois qui prohibent le prêt à intérêt ; c'est le cas pour le contrat à la grosse en
nombre de pays.

Les différents auteurs prennent position, et peu à
peu on voit restreindre la notion d'usure au gain
que le prêteur a voulu faire. C'est notamment, au
xv⁰ siècle, la thèse de saint Antonin de Florence :
« *Usura est lucrum ex mutuo principaliter inten-
tum* ».

Quelques-uns de ces écrivains voient au delà du
débat théologique ; d'autres se bornent à envisager
la situation morale. Pour les premiers, le bien tem-
porel domine ; pour les seconds, le salut de l'âme
semble la seule considération. Henri de Gand avait
récusé les juristes comme suspects sur les questions d'usure ; il avait soutenu que ce n'était pas
auprès d'eux mais auprès des théologiens et des
philosophes qu'il fallait chercher les enseignements :
Egidio Colonna, qui conseille aux gouvernements de
ne pas tolérer l'usure, considère le change des monnaies comme justifié par la nécessité même des
transactions en pays étranger ; un penseur vigoureux, Jean Buridan, admet que la prohibition et
l'autorisation de l'usure dépendent des avantages et
des désavantages que peut présenter l'une ou l'autre
mesure ; un dominicain, Durand de Saint-Pourçain,
suggère l'idée d'instituer le pouvoir central prêteur
d'argent moyennant une légère redevance, et un plan

analogue est exposé par Philippe de Maizières.
André d'Isernia partageait l'avis de saint Thomas
d'Aquin ; mais il voulait que sur l'usure, à la fois
crime « canonique » et crime « civil » l'autorité
ecclésiastique prononçât d'abord. Un disciple de
Duns Scot, François de Mayronis, estimait que la
loi naturelle ne réprouve pas de manière absolue
l'intérêt de l'argent ; il considérait même le change
des monnaies comme une profession autorisée par la
loi divine, parce qu'elle est utile à la communauté.

Dans le nombre considérable d'écrits une mention
spéciale doit été faite pour une classe déterminée de productions, les *Sommes* et les traités qui
se rattachent à la « jurisprudence divine », *juris-
prudentia divina*, comme elle s'intitulait elle-même,
à la casuistique mélangée de droit qui servait de
guide aux confesseurs (1).

Une évolution venait de se produire dans une des
plus importantes institutions de l'Église, la confession. Dans le « tribunal de la pénitence », le prêtre
doit statuer sur les « cas de conscience ». A partir
du ixe siècle, avait apparu, notamment en Irlande et
en Angleterre, le « pénitentiel », compilation où
étaient indiquées les peines encourues par le pécheur.
Seulement, le pénitentiel, qui était en quelque sorte
un code pénal suppléant à la législation laïque,
était trop rigide et trop fixe ; le prêtre n'avait pas
grande latitude ; il devait en règle générale prononcer la sentence, sauf à la mitiger quelque peu
suivant l'âge, le sexe, la fortune. Dans la notion
nouvelle, le rôle du prêtre grandit ; il fut vérita-

---

(1) R. STINTZING, *Geschichte der populären Literatur des römisch-
kanonischen Rechts in Deutschland am Ende des fünfzehnten
und im Anfang des sechszehnten Jahrhunderts*, pp. 489 et suivantes.

blement juge ; la confession devint le jugement de l'âme, le *judicium animæ* ; pour former la sentence, il ne suffit plus d'une tarification plus ou moins complète ; il fallut une certaine « science ». Aussi, à partir du XIIIe siècle, de nombreux manuels parurent qui, sous le titre de *Sommes*, apportaient au juge en matière spirituelle toute l'assistance possible. Que la question de l'usure y fût traitée, le fait était tout naturel ; qu'à son sujet, de nombreuses opinions fussent émises, examinées, discutées, le fait n'était pas moins naturel.

Une observation se présente au sujet de la tendance des *Sommes* de mélanger toutes les questions de droit à des questions de morale. Comme on l'a dit, leurs auteurs veulent faire de la vertu de l'abnégation un devoir juridique. Dans l'idée romaine, le droit partait de l'idée de la liberté primitive de chacun, de la notion que les hommes n'ont d'autre obligation que celle que l'État vient leur imposer ; dans la conception germanique, le droit était enchevêtré dans les notions de fidélité et d'honneur ; dans l'acception chrétienne le droit se confondait avec la morale. Déjà dans le droit musulman s'étaient manifestées des anomalies provenant de son trait dominant, qui est le caractère divin puisé dans le Coran.

Outre les *Sommes*, des traités étaient composés se rattachant plus spécialement aux cas de conscience que pouvaient soulever le problème de l'usure et les multiples questions du commerce, du change, de la valeur des choses, et présentant ainsi un réel intérêt pour l'histoire de l'économie politique. Il convient de citer les écrits de Henri de Langenstein, de Henri de Hoyta, de Jean Gerson. Le premier auteur est surtout intéressant ; il a l'esprit ouvert et inventif,

et son *Tractatus bipartitus de contractibus emtio-
nis et venditionis* forme un véritable système d'économie politique, de finance et de crédit. Henri de
Langenstein avait enseigné à l'université de Paris et,
en 1383, il avait été appelé avec Henri de Hoyta
à l'université de Vienne, que venait de réorganiser
un prince éclairé, l'archiduc Albert III d'Autriche.
L'université de Vienne, notons-le en passant, fut à
cette époque un véritable centre de production littéraire en matière économique. Un traité *De censibus*
fut composé par Conrad d'Ebrach ; un livre *Super
quæstiones de contractibus* est l'œuvre de Jean Reut-
ter. Tous deux se placent dans le dernier tiers du
XIVᵉ siècle. Au commencement, du XVᵉ siècle, Jean
Nieder, membre de l'université, publia le *Tractatus
de contractibus mercatorum*. Dans la première moitié
du même siècle, un moine fanatique, Jean de Capis-
trano, de l'ordre des Franciscains, mena en Italie et
en Allemagne une violente campagne contre les
hérétiques et contre les Juifs ; il prêcha par la parole
et par la plume et écrivit notamment *De usuris et
contractibus* dont les tendances se devinent aisément.

D'autres auteurs encore apparaissent au XVᵉ siècle,
François de Platea, Jacques de Jüterbock, Alexandre
de Nevo, Conrad Summenhart de Calv, qui compose
l'*Opus septipartitum de contractibus pro foro conscien-
tiæ*, dont il consacre la dernière partie aux questions de propriété, de prêt, de commerce, d'achat et
de vente, de location, de société et de change.

Trois hommes importants, Laurent de Ridolfi,
saint Bernardin de Sienne et saint Antonin de
Florence méritent d'être signalés plus particulièrement ; ils jettent sur la question de l'usure et sur
quelques questions accessoires une très vive lumière ;

ils laissent, somme toute, fort peu de besogne aux
écrivains qui reprennent, au xvie et au xviie siècle,
la tâche de concilier le principe de la prohibition
avec les nécessités de la vie pratique, ou bien de
détruire les bases même des mesures prohibitives.
A tout prendre, l'argument introduit par Claude de
Saumaise, dans ses écrits sur l'usure et sur le prêt,
est simplement la constatation que, dans le prêt, si
au point de vue juridique le débiteur est envisagé
comme propriétaire, au point de vue économique le
prêteur conserve la propriété et peut ainsi demander
un intérêt.

Laurent de Ridolfi est un juriste de grande valeur.
Les études qu'il fit à Bologne le rattachent comme
disciple à Laurent de Pini et à Jean Fantuzzi, le
collègue de Jean de Legnano ; lui-même enseigna le
droit à Florence, sa ville natale, où il remplit
d'ailleurs plusieurs fonctions et qui le chargea de
diverses missions. Il mourut vers le milieu du xve
siècle.

Son importance est surtout attestée par les commentaires dans lesquels il étudie le caractère juridique et la légitimité au point de vue de la
morale et de la religion d'une série de pratiques et
de règles en matière de change, de société et d'assu-
rance. Ses ouvrages s'adressaient plus spécialement
au monde des affaires de Florence par l'actualité de
leur sujet et par une connaissance approfondie des
institutions de crédit, de la constitution de rentes et
des multiples opérations financières.

Le livre le plus considérable de Laurent de Ridolfi
est le *Tractatus de usuris*, divisé en trois parties
qui traitent de la définition de l'usure, de sa prohibition et de différentes applications des notions

de change et de prêt (1). Un historien du droit
canonique le range parmi les écrits qui, sur les
questions d'argent et de gain, ont exercé, pendant
la dernière moitié du moyen âge, la plus haute
influence (2). Le fait est que généralement Laurent
de Ridolfi s'attache à faire ressortir la légitimité des
combinaisons imaginées par le génie commercial de
ses compatriotes pour constituer de nouveaux éléments de crédit ou pour rendre les transactions plus
aisées et plus faciles. Les distinctions, les subtilités
servent à recouvrer peu à peu le principe primordial
de tout droit véritable, la liberté des contractants,
principe que le droit romain a affirmé et que le
moyen âge, dans la majeure partie de son activité
législative et scientifique, semble avoir voulu miner,
affaiblir, détruire.

L'action de saint Bernardin de Sienne a été
grande ; elle s'est exercée par ses sermons, pronon-
cés en langue vulgaire, seule comprise du peuple,
écrits ensuite en latin par le prédicateur lui-même
sous la forme de traités. Les écrits du moine francis-
cain qui se rapportent aux questions économiques,
comprennent quatre-vingt-dix pages de l'édition in-
folio ; les matières examinées sont l'origine du droit
de propriété, le commerce et l'industrie, les conditions licites et illicites, l'achat et la vente, l'usure,
le prêt, la prohibition de l'usure, les contrats usuraires, les sociétés, les emprunts et les « monts ».

(1) W. ENDEMANN, *Studien in der romanisch-kanonistischen
Wirthschafts-und Rechtslehre bis gegen Ende des siebzehnten Jahrhunderts*, t. I, p. 32 et p. 138.
(2) J. F. von SCHULTE, *Die Geschichte der Quellen und Literatur des canonischen Rechts von Gratian bis auf die Gegenwart*,
t. II, p. 393.

L'action de saint Antonin de Florence n'a pas été moins considérable par ses livres sur les censures et sur l'usure et par son *Confessionale*. L'auteur, membre de l'ordre de Saint-Dominique, occupa pendant trente-trois ans le siège archiépiscopal de sa ville natale.

En certaines matières, saint Bernardin penchait visiblement vers la tendance commune de son époque d'élargir le domaine des obligations juridiquement sanctionnées, en d'autres mots, de munir de pénalités nombre de défenses édictées par la morale. Il s'élevait avec force contre le luxe, contre la *magnificentia*, pour employer le terme, que la législation de la plupart des villes italiennes avait, du reste, tenté de régler longtemps auparavant, et au sujet duquel ne cessaient de paraître des statuts et des ordonnances. Pour citer quelques exemples, Pistoie avait des règlements somptuaires fort développés en 1332 et en 1334 ; Pérouse en rédigeait en 1330 ; Mantoue avait les siens dès 1325 ; Florence refrénait le luxe des femmes en 1330. La situation était la même dans la plupart des pays de l'Europe occidentale. Encore au xvi⁰ siècle, l'idée s'imposait, en Italie surtout, qu'empêcher les dépenses était une des fonctions du gouvernement ; presque partout apparaissaient des lois tendant à ce but et les publicistes s'accordaient pour prôner semblable politique.

Au sujet de la propriété, saint Bernardin enseigne que le principe de la loi de nature, qui est « la terre en commun dans l'état d'innocence », n'a plus d'existence possible après le péché, à cause de la négligence et de la paresse des uns, de la malice et de la fraude des autres, à cause surtout des inimi-

tiés et des guerres continuelles que la communauté
pourrait engendrer. Le principe est abrogé, dit-il, et
c'est une loi juste qui le remplace. Cette loi juste
n'est pas la loi de nature ; elle n'est pas la loi
divine, puisque riche et pauvre sont faits du même
limon et que la même terre les porte tous deux ;
c'est la loi humaine. Si la loi humaine a pu donner
la propriété, la loi humaine peut permettre de
l'aliéner en tout ou en partie, sous une ou sous
plusieurs formes. La maxime démontrée, l'auteur
développe logiquement son sujet depuis l'aliénation
totale de la propriété jusqu'aux autres modes.

Quelques notions sont fort intéressantes. Saint Bernardin et saint Antonin ont un terme pour désigner
le capital ; ils conçoivent que l'on remette à quel-
qu'un une somme d'argent pour qu'il l'emploie dans
une entreprise procurant du profit ; ils se servent
des mots *pro capitali, per modum capitalis* ; ils
reconnaissent à l'argent une faculté productive de
lucre, *quædam seminalis ratio lucrosi* ; cela s'appelle
communément *capitale*. Le mot y est, si la pensée
n'est pas complètement développée. Saint Antonin
enseigne que par lui-même l'argent ne peut se
multiplier mais que l'esprit industrieux et le travail
des marchands le fructifient.

On touchait à la démonstration de la légitimité
de l'intérêt ; on reconnaissait la légitimité du *damnum emergens*, ou perte subie par le créancier ; celle
du *lucrum cessans*, ou gain dont il a été privé ; celle
du *periculum sortis*, ou danger que court le sort
principal, c'est-à-dire la somme d'argent ou la quantité des choses fongibles que l'emprunteur a reçues
dans le prêt de consomption. Une distinction était
faite entre l'*usura*, l'usure, et l'*acceptio* ou l'*excres-*

centia ultra sortem, c'est-à-dire l'intérêt. Tout cela,
disons-le, se produit surtout dans le domaine de
la théorie. Les lois ecclésiastiques et les lois civiles
condamnent et punissent, et contre les raisonnements,
les distinctions, les atténuations des théologiens,
la plupart des jurisconsultes laïques s'attachent à
faire prévaloir leur maxime favorite que « les sujets
sont obligés dans le for de la conscience d'obéir aux
lois du prince », et qu'ainsi le prêt à intérêt n'est
pas permis dans le for de la conscience quand même
il ne serait pas défendu par le droit de nature et
par la loi de Dieu. Il est vrai que la pratique se
soustrait aux injonctions des lois. Fréquemment
le débiteur prend l'engagement de payer les frais
que nécessitera le retard dans l'exécution de l'obligation et d'indemniser le créancier s'il ne s'acquitte
pas à l'échéance convenue. En plusieurs villes italiennes, l'usage fixe, dès le XIVᵉ siècle, l'intérêt dû,
en pareil cas ; à Modène, par exemple, après un
délai d'un semestre pour lequel une certaine somme
est ajoutée à la masse du capital emprunté, les
dommages-intérêts sont de 4 deniers par livre et
par mois, soit environ 20 p. c. (1).

Saint Bernardin et saint Antonin touchent à une
autre question, celle de la valeur et du prix. Jean
Buridan déjà avait exposé une doctrine de la valeur ;
d'après lui, l'usage propre d'une chose, son applica-
bilité aux besoins de l'homme font sa valeur. Il avait
noté la « valeur commune » qui se détermine d'après
le besoin de la communauté des personnes entre les-

---

(1) MURATORI, *Antiquitates italicæ medii œvi,* t. I, p. 893. —
G. SERVOIS, *Emprunts de saint Louis en Palestine et en Afrique,*
dans la *Bibliothèque de l'École des chartes,* 4ᵉ série, t. IV, p. 120.

quelles l'échange est possible (1). Henri de Langenstein avait montré une des bases de la valeur dans
l'*indigentia*, le manque des choses qui sont nécessaires ou utiles à l'homme de quelque façon (2). Des
tentatives avaient été faites pour maintenir un exact
rapport entre la valeur des choses vénales et le prix
de vente, surtout quand il s'agissait des nécessités
de la vie. A côté des mesures prises par l'autorité
pour taxer certaines marchandises, — en 1350 notamment le roi Jean règle, en France, le prix de beaucoup de denrées et le taux des salaires de la plupart
des métiers, — apparaissaient des projets comme
celui de Gerson proposant de taxer toute espèce de
marchandises, non sans reconnaître la difficulté de
l'application. Une idée semblait prévaloir, c'est que
si la loi ne pouvait fixer le prix de la matière
brute, elle devait intervenir pour indiquer la valeur
du travail qui transformait cette matière et la rendait utilisable. Un péril paraissait surtout menaçant
à la société médiévale, celui d'une coalition des
intérêts particuliers contre l'intérêt général.

Saint Bernardin de Sienne et saint Antonin de
Florence poursuivent la réalisation de la mesure
idéale, de l'*æqualitas justitiæ*, de l'*æqualitas valoris*.
Devant eux se présente un triple mode, la taxation
par l'autorité, par l'usage ou par la libre volonté
des contractants. Ils préfèrent la dernière manière,
pourvu que l'accord soit libre, c'est-à-dire qu'il ne
soit pas faussé par l'ignorance de l'objet, ou par
l'inexpérience des besoins, ou encore par la nécessité.

Il y avait un contrat important, la rente consti-

---

(1) V. BRANTS, *Les théories économiques aux XIIIe et XIVe
siècles*, p. 70.
(2) *Ibid.*, p. 71.

tuée, qui permettait de ne point recourir directement au prêt à intérêt. Des théologiens soutenaient son caractère licite. Henri de Gand avait prétendu qu'il était usuraire : « *Contractus ille in quo emuntur reditus ad vitam.... simpliciter est usurarius* ». En 1420, le pape Martin V consulté au sujet de rentes assignées sur des terres, les avait déclarées licites et conformes au droit commun ; en 1455, le pape Calixte III décida dans le même sens. Saint Bernardin de Sienne, dont la mort se place en 1444, suit la doctrine papale.

A côté des contrats de constitution de rente se plaçaient les emprunts des gouvernements. Saint Bernardin se prononçait pour la légitimité de l'opération faite par le prêteur, légitimité qu'il appuyait tantôt sur l'obligation où se trouvait le citoyen vis-à-vis de l'État, tantôt sur le désintéressement dont il faisait preuve. Laurent de Ridolfi avait formellement déclaré que le taux de 5 p. c. en matière d'emprunts publics n'était point usuraire ; saint Antonin, allant plus loin encore que saint Bernardin, s'attacha à se prononcer dans le sens de la légitimité de la participation à l'emprunt, à l'occasion de la solution de huit questions qu'il soulevait et qu'il discutait.

Les débats économiques s'élargissaient, comme on peut le constater. Dans la dernière moitié du xvᵉ siècle, Diomède Caraffa examina un nombre assez considérable de problèmes dans son livre *De regentis et boni principis officiis* dont la composition se place entre 1469 et 1482. L'auteur appartenait à une vieille famille napolitaine. Son père avait été l'un des fermes soutiens d'Alphonse d'Aragon et lui-même assista ce prince quand il revendiqua la couronne de Naples contre René d'Anjou. Vainqueur en 1442,

Alphonse reconnut les services que Diomède Caraffa lui avait rendus ; il lui confia des fonctions importantes dans le nouveau gouvernement, qui avait à lutter contre les barons napolitains attachés à leurs prérogatives féodales et supportant avec impatience la domination royale. Une particularité s'attache à Caraffa ; il fut le précepteur du fils naturel d'Alphonse, le prince Ferdinand, et quand ce dernier monta sur le trône, il fit l'éducation de sa fille, la princesse Éléonore. L'original italien de son livre est perdu ; mais la princesse Éléonore pour laquelle il avait été composé, l'avait fait traduire en latin. Deux des quatre parties qui forment le *De regentis et boni principis officiis* se rapportent à notre sujet ; l'une est intitulée *De re familiari et vecligalibus*, l'autre *De subditorum civitatisque commodis procurandis* (1).

Diomède Caraffa est en tous points favorable au commerce ; il le montre fournissant aux cités ce dont elles ont besoin et enrichissant les citoyens ; il constate ses utiles effets parmi lesquels se trouve la richesse, dont le souverain profite tout autant que ses sujets. L'écrivain napolitain émet ici une opinion identique à celle qu'émettait vers la même époque sir John Fortescue dans le *Governance of England*, savoir que la plus sérieuse condition de sûreté et d'honneur pour un roi est de régner sur un royaume où toutes les classes de la population sont dans l'aisance et le bien-être. L'idée n'était point nouvelle ; Caraffa n'en a pas moins un certain mérite

---

(1) FERDINANDO CAVALLI, *La scienza politica in Italia*, dans les *Memorie dell' Istituto Veneto di scienze, lettere ed arti*. Quatrième mémoire, t. XI, p. 481. — CUSUMANO, *Diomede Caraffa, economista italiano del secolo XV*, dans l'*Archivio giuridico*, vol. VI, pp. 481 et suivantes.

à l'exprimer : « *Non rex*, dit-il, *inops esse potest cujus imperio ditissimi homines subjiciuntur* ».

Les princes aragonais avaient introduit un certain nombre de mesures pour relever le trafic et l'industrie. Caraffa rappelle les faits : Alphonse Ier reconstituant la marine presque détruite sous la dynastie d'Anjou, mettant des navires à la disposition du commerce, faisant aux industriels une avance de 100,000 florins d'or ; il rappelle également Ferdinand Ier introduisant l'industrie de la toile et de la laine, accordant aux fabricants divers privilèges, abolissant toutes les douanes intérieures, défendant aux feudataires de réclamer à leurs vassaux des prestations extraordinaires, concédant aux étrangers et aux indigènes le droit de faire le commerce sans devoir payer aucune imposition, et autorisant l'exportation des produits bruts et manufacturés, des denrées, du bétail, des armes, de l'or et de l'argent travaillés et monnayés.

L'auteur du *De regentis et boni principis officiis* s'élève, du reste, à une notion élevée ; il observe qu'un gouvernement juste est un puissant facteur moral de la prospérité d'un peuple ; il cite l'enseignement de l'histoire : « *Ubi æquum vigeat imperium ibi florere urbes ; contrà ubi vi agatur ibi omnia in deterius ruere ac celeriter evanescere* ».

Les abus soulèvent ses énergiques protestations ; il dénonce l'altération des monnaies, que les princes d'Anjou avaient si fréquemment opérée ; il blâme les exactions à l'égard des étrangers ; il réclame la protection des commerçants et des industriels ; il veut leur faire accorder des subsides pour les assister si non continuellement du moins au début ; il exige une bonne administration des impôts et fait

valoir les avantages d'un trésor pour subvenir aux
dépenses extraordinaires ; il critique amèrement les
confiscations envisagées comme expédients financiers
et les emprunts arrachés aux sujets et non remboursés. Le dernier procédé avait été usité très souvent sous les dynasties de Souabe et d'Anjou ; il
l'assimile à la rapine et au vol : « *Quid aliud existi-
mari debet*, écrit-il, *quam tutum quoddam rapinæ
ac furti genus* » ? Il veut qu'on ne recoure aux
emprunts publics que dans les cas d'extrême nécessité, comme celui de la défense du royaume.

Le xive et le xve siècle italien ont vu paraître
un certain nombre d'ouvrages politiques. Au début
du xive siècle, Dante écrit *De monarchia* ; plus
tard, François Pétrarque compose *De republica
optime administranda*, et *De officiis et virtutibus
imperatoriis*. Au milieu du xve siècle, Léon Baptiste
Alberti, littérateur, mathématicien, génie inventif,
écrit *Momo sive de principe*, espèce de fable où
Momus chassé du ciel vient à Florence, et Mathieu
Palmieri, historien, orateur, poète, écrit *Della vita
civile* que Claude de Rosière traduit en français au
siècle suivant. Dans la liste peuvent se ranger
également le *De optimo cive* et le *De principe* de
Barthélemy Sacchi de Platina, le *De Principe* de
Jean-Jovien Pontano, le *De gerendo magistratu* de
Jean-Antoine Campano, le *De officio principis* de
Jean Poggio, fils de Poggio Bracciolini, le *De prin-
cipe et de officio ducis* de Raphaël Maffei, le *Trattato
circa il reggimento e governo della città di Firenze*
de Jérôme Savonarole et le *De optimo statu* de
Philippe Beroaldo (1). Les questions économiques

---

(1) FERDINANDO CAVALLI, travail cité, dans les *Memorie dell'*

cependant ne sont guère étudiées dans ces différentes
publications ; à peine renferment-elles quelques considérations générales.

Autre est le cas des ouvrages de François Patrizi,
où se rencontrent des indications intéressantes. L'auteur fut comme Caraffa un grand ami du roi Ferdinand de Naples et c'est pour le fils de celui-ci qu'il
écrivit : *De regno et regis institutione libri novem.*
Outre ce livre, il publia *De institutione reipublicæ
libri novem.* Patrizi vante l'excellence de l'agriculture, il fait l'éloge du commerce, il montre l'utilité
de l'industrie.

Thomas de Vio doit également être mentionné.
Il est né à Gaëte et du nom de sa ville natale porte
le nom de *Cajetanus.* Sa grande activité se place
dans le premier tiers du XVIe siècle, mais de 1498
à 1500, il fait paraître trois écrits sur l'usure, le
change et les monts de piété.

Considérable également dans l'histoire littéraire et
dogmatique de l'économie politique est Gabriel Biel,
originaire de Spire, attaché dès la fondation à l'université de Tubingue, comme professeur de théologie.
C'est dans la partie de son *Collectarium sententiarum,* consacrée à la restitution des objets injuste-
ment enlevés, que Gabriel Biel traite du prêt à
intérêt et du juste prix. Il admet que le prêteur
reçoive au delà de son capital ; pour la fixation de
la valeur équitable il se montre partisan de l'usage
courant du marché, de la « *currens fori consue-
tudo* ». Un chapitre du livre est consacré à la monnaie ; il est intitulé *De monetarum potestate simul*

---

ac utilitate ; l'auteur se base sur l'ouvrage célèbre de Nicole Oresme que nous examinerons plus loin.

Comme nous aurons l'occasion de le constater, la situation commerciale et industrielle de l'Europe subit, au xvie siècle, de profondes modifications qui exercèrent leur influence sur les systèmes et sur les théories. Un changement essentiel, d'ailleurs, s'était produit ; plusieurs grands États s'étaient constitués ayant leur direction économique distincte ; les écrivains dès lors peuvent se ranger d'après leur nationalité ou, pour être exact, d'après les gouvernements dont ils défendent les programmes ou dont ils prétendent critiquer la politique.

CHAPITRE VII.

LES JUIFS AU MOYEN AGE.

Sur le vaste champ que l'Europe médiévale offre à l'activité humaine, le rôle d'intermédiaires et de courtiers est surtout rempli par le juif et par le marchand italien, le « Lombard ».

Pendant des siècles, l'histoire du peuple juif se résume en quelques mots ; il est envié, haï, spolié, persécuté. Bien courtes sont les époques, bien rares sont les pays où la tolérance lui permet de développer en paix ses qualités laborieuses. Malgré tout, il persévère, il travaille, il espère.

L'action juive sur l'Europe est antérieure à notre ère. Les îles de la Grèce, la Grèce elle-même avaient des communautés israélites plus d'un siècle avant J.-C., et en l'an 140, la sibylle d'Alexandrie représentait le peuple hébreu comme « remplissant les terres et les mers ». Rome avait été abordée et des associations juives s'étaient établies dans la plupart des villes importantes de l'Occident. Toutes ces communautés étaient en rapports continuels ; l'idée religieuse les reliait et aux points de contact qu'elles offraient se rattachaient par de multiples liens les intérêts matériels. Les guerres de Judée et la destruction de Jérusalem en l'an 70 de notre ère amenèrent la dispersion du peuple et par conséquent l'expansion des forces qu'il portait en lui.

Quand le christianisme vainqueur domina l'empire, diverses incapacités frappèrent les Juifs qui furent notamment déclarés inadmissibles aux fonctions publiques ; mais, comme on l'a fait observer, la répulsion contre eux n'allait pas jusqu'à la violence ; les tenir à l'écart, telle était la pensée dont s'inspirait la législation (1). Aussi, leur situation économique ne fut-elle point trop défavorable ; on les voit établis dans les centres commerçants, comme du reste les Syriens. Narbonne, Marseille, Arles, Gênes, Naples, Palerme furent le siège préféré de leurs opérations. Leur génie de l'association les servait à merveille : au loin s'étendaient leurs communications ; ils possédaient ce que n'avaient pas les chrétiens, leurs correspondants en pays étrangers, leurs hommes sûrs, prêts à exécuter fidèlement leurs ordres comme ils remplissaient les mandats que leur confiaient leurs coreligionnaires. Ils circulaient et voyageaient ; ils parcouraient presque tous les pays du monde connu. Un écrivain arabe, Ibn Khordadbéh, en témoigne au milieu du IXe siècle : de l'Espagne jusqu'à la Chine, il existait une série de communautés juives s'enchaînant les unes aux autres pour ainsi dire sans interruption (2).

L'intolérance se manifesta avec violence dans plusieurs des royaumes fondés par les Barbares. En France, le clergé inspira, dès le VIIe siècle, des édits tendant à faire baptiser de force les Israélites. En Espagne, les conciles de Tolède leur interdirent toute alliance et tout commerce avec les chrétiens et les obligèrent à recevoir le baptême. Dans ce der-

(1) P. VIOLLET, *Précis de l'histoire du droit français*, p. 302.
(2) W. HEYD, *Histoire du commerce du Levant au moyen âge*. Édition française publiée par FURCY RAYNAUD, t. I, p. 127.

nier pays cependant, les Juifs parvinrent, sous certains rois du xiie siècle, à obtenir une réelle liberté civile. Mais ce fut là une exception.

Au surplus, les circonstances créaient peu à peu une situation spéciale. Dans tout l'Occident, le commerce de l'argent, le maniement des capitaux, le prêt à intérêt se trouvèrent, à un moment donné, l'attribution presque exclusive des Juifs, parce que la puissance laïque et la puissance ecclésiastique frappaient les chrétiens qui osaient se livrer à ce négoce et à ces opérations, et que les gouvernements agissaient comme s'ils avaient voulu renfermer les Juifs dans la pratique de l'usure en leur fermant toute autre profession. L'acquisition de la propriété immobilière leur était interdite partout, sauf à certaines époques, dans le midi de la France et en Espagne. Les corporations et les métiers leur étaient fermés et ils se voyaient exclus ainsi de toute activité industrielle et manufacturière. Cependant, dès qu'il se trouvaient placés sous la commune loi, ils s'assimilaient aisément à la population chrétienne. Au sujet des Juifs français, on constate qu'avant les persécutions du xiiie siècle, leurs occupations étaient les mêmes que celles des autres habitants du pays. « Ils cultivaient la terre, dit Renan, étaient agriculteurs, vignerons. Tout est changé au xive siècle. L'Israélite ne possède plus que l'argent (1). »

On a fait ressortir différents traits généraux du moyen âge : la rareté du numéraire, l'état de gêne des propriétaires fonciers, le fait que l'usure

---

(1) E. RENAN, *Les écrivains juifs français du XIVe siècle*, dans l'*Histoire littéraire de la France*, t. XXXI, p. 736.

pénétra presque toutes les classes de la société. La
remarque est notamment faite par M. Delisle qui
l'étaie de preuves. Comme il le dit, personne n'ignore
la misère où étaient plongés les plus grands sei-
gneurs. Au XIIe et au XIIIe siècle, bien peu de
chevaliers auraient pu s'associer aux guerres saintes
s'ils eussent été réduits à leurs propres ressources.
La plupart ne partaient qu'après avoir imploré la
générosité des religieux établis sur leurs domaines (1).
Il y avait les capitaux des bourgeois ; mais ceux-ci
étaient immobilisés par les dispositions législatives
sur l'usure. Seuls les Israélites pouvaient prêter.
L'autorité donnait le privilège ou plutôt l'exploitait,
mettant au besoin des restrictions ou expiant le
péché qu'elle commettait par l'annulation totale ou
partielle des créances, par les extorsions, par les
confiscations, par l'expulsion. Une concession faite
aux Juifs de Normandie par Philippe-Auguste contient notamment diverses défenses ; ils ne peuvent
pas prêter aux ouvriers, tels que les laboureurs, les
cordonniers, les charpentiers, qui n'ont d'autre ressource que le travail de leurs mains ; ils ne doivent
prendre en gage ni le fer, ni les animaux, ni la
charrue, ni le blé qui n'est pas encore vanné (2).

Une théorie juridique fut introduite ; le Juif fut
considéré comme *servus* du roi ou du seigneur ; il
ne pouvait dès lors être propriétaire ; son maître,
roi ou seigneur, disposait de tout ce qui avait l'apparence d'être une propriété. Saint Thomas consacra
cette thèse par sa grande autorité (3).

---

(1) L. DELISLE, *Étude sur la condition de la classe agricole et
l'état de l'agriculture en Normandie au moyen âge*, p. 194.
(2) *Ibid.*, p. 201.
(3) P. VIOLLET, ouvrage cité, p. 304.

En fait, sur une partie étendue du monde féodal, on vit chaque seigneur avoir son Juif, comme il avait son tisserand, son forgeron. Le Juif était une véritable propriété qui s'inféodait, se vendait (1).

En certains pays, les Juifs ne faisaient pas seulement le prêt d'argent et le commerce des métaux précieux, ils avaient entre les mains le trafic des objets de luxe, de la soie, des épices ; ils vendaient par l'intermédiaire des boutiquiers nombre d'articles qu'ils achetaient en gros sur les marchés de l'Orient (2). Le midi de la France leur fut hospitalier jusqu'à la proscription qui les frappa sous Philippe le Bel ; sur son sol surtout se développa leur industrieuse activité (3). Ils y formaient des communautés riches et puissantes qui parvinrent à faire obtenir à leurs membres des fonctions publiques. Ce fut le cas en Languedoc 'et en Provence, malgré l'opposition constante du clergé. Ailleurs, ils s'étaient fait concéder une situation privilégiée. En Espagne, sous plusieurs rois du XII° siècle, les Juifs furent jugés par leurs rabbins et conformément à leurs lois. En Navarre, ils avaient leur administration propre. Les Juifs de Venise jouissaient d'une grande sécurité.

Malheureusement la dignité humaine souffrait. On isola les Israélites, on leur imposa le port de marques distinctives dans le costume, on les séquestra dans des quartiers dont ils ne pouvaient s'absenter pour un temps quelque peu long. Ainsi, pour citer un exemple, les Juifs de Venise s'étaient vu assigner pour résidence l'îlot de Saint-Jérome et dans leur quartier appelé Ghetto, un fonctionnaire

<hr>

(1) PIGEONNEAU, *Histoire du commerce de la France*, t. I. p. 104.
(2) *Ibid.*, t. I, p. 242.
(3) P. VIOLLET, ouvrage cité, p. 306.

public surveillait les opérations financières des habitants, vérifiait toutes les reconnaissances de prêt et
examinait si l'on n'avait pas abusé des gens tombés
dans le besoin (1).

La situation des Israélites en Angleterre était celle
de véritables « meubles » appartenant au roi ; ils
n'avaient rien en propre ; ce qu'ils possédaient était
au souverain ; ce qui leur était dû était en réalité
dû au roi. Le roi organisait l'usure, la systémati-
sait ; les Juifs étaient ses instruments ; l'historien
Guillaume de Newbury les appelle les « usuriers
royaux ».

Les Juifs d'Angleterre étaient constitués en communautés sur les affaires desquelles les fonctionnaires
royaux, les *Custodes* ou *judiciarii judæorum*, avaient
juridiction. Des ressources abondantes en étaient
tirées. Il y avait les taxes, imposées selon le bon
plaisir du roi, et les amendes. Aux émeutes de 1190
qui se terminèrent par l'odieux massacre d'York, les
reconnaissances trouvées en la possession des Juifs
avaient été brûlées aussi bien que leurs copies enre-
gistrées qui reposaient dans le trésor de la cathé-
drale ; le roi, représentant légal de tout Juif, n'avait
pu faire valoir ses droits contre les débiteurs ;
aussi institua-t-on un office spécial où note fut dorénavant tenue de toutes les affaires traitées (2).

Les ressources des Juifs sont connues approxima-
tivement dans l'histoire des finances publiques de
l'Angleterre. En 1187, on évalue leur richesse

(1) SCHEFER et CORDIER, *Recueil des voyages*, t. XI. *Le voyage
de Terre Sainte de Possot et Philippe*, p. 79.
(2) W. CUNNINGHAM, *The growth of english industry and commerce during the middle ages*, p. 143. — J. JACOBS, *The Jews of
Angevin England*, introduction, p. XIV.

mobilière à 240,000 livres, contre 700,000 livres, fortune mobilière des autres habitants du royaume. Ils paient environ 3,000 livres au roi, dont tout le revenu n'atteint pas 35,000 livres.

La persécution sévit dans tous les pays. Le point de départ du mouvement semble même pouvoir être fixé ; c'est de l'empire byzantin que le signal serait venu. Quoi qu'il en soit, en Italie, des mesures cruelles apparaissent dès le xi° siècle, et pendant près de quatre cents ans on assiste, dans les autres contrées d'Occident, à des explosions violentes.

Les services rendus par la race sont là cependant qui attestent ses grandes qualités. Dans l'ordre économique, en dehors du mouvement imprimé aux affaires par leur esprit entreprenant et du fait qu'ils ont contribué à faire de l'exercice du commerce une profession, il est permis d'invoquer l'aide puissante que les Juifs ont apportée au développement de la notion du crédit ; on peut mentionner plus d'un principe qui, grâce à eux, pénétra dans les usages commerciaux et partant dans notre droit commercial moderne, et imprima aux transactions du négoce un caractère de stabilité et d'irrévocabilité (1).

Dans l'ordre intellectuel leur intervention fut précieuse. Les Juifs d'Espagne ont provoqué un retour offensif de la liberté d'examen contre les tendances autoritaires du catholicisme romain ; des hommes illustres, Aben-Ezra de Tolède, Avicebron de Malaga et surtout l'illustre Maïmonide de Cordoue ont réveillé l'esprit rationaliste. Une partie de la France a été, du xii° siècle jusqu'au commencement du xiv°

(1) W. Roscher, *Ansichten der Volkswirthschaft aus dem geschichtlichen Standpunkte*, t. II, p. 332.

siècle, un foyer scientifique. C'est là, autant qu'en
Espagne, que, par le travail d'interprétation, de commentaire, de traduction des ouvrages des savants
musulmans, et grâce à ces ouvrages, les écrits et
les traditions des écoles grecques ont été communi-
qués à l'Europe. Philosophie, médecine, physique,
astronomie, mathématiques ont fait l'objet d'études
originales parfois, neuves souvent pour les chrétiens
auxquels l'éducation scolastique n'apportait que d'insuffisantes connaissances. Renan montre cette activité
littéraire des Juifs de France se manifestant dès le
xie siècle dans les riches juiveries que les foires et
le commerce entretiennent dans les domaines des
comtes de Champagne ; il rappelle l'activité des
écoles du Midi, les versions en hébreu rabbinique
que font les Israélites venus d'Espagne ; il mentionne au sein même de la société juive les luttes
entre le libre examen et le traditionalisme dogmatique (1). Grâce aux Israélites, le nord et l'ouest de
l'Europe purent même se tenir au courant des
travaux scientifiques du monde musulman.

Les Juifs furent expulsés d'Angleterre en 1290 ;
une tradition veut toutefois que les mesures ne
furent point appliquées avec rigueur et que l'expulsion ne se produisit même qu'en 1358. Ce serait le
gouvernement de Cromwell qui aurait accueilli de
nouveau l'élément israélite en mettant fin à la longue
période de mise hors la loi. Notons-le, à partir de
cette dernière époque, le droit anglais n'établit

---

(1) E. RENAN, *Les rabbins français du commencement du XIVe
siècle* dans l'*Histoire littéraire de la France*, t. XVII, pp 431 et
suivantes — Le même, *Les écrivains juifs français du XIVe siècle.*
Même recueil, t. **XXXI**, pp. **351** et suivantes.

d'autre incapacité pour les Israélites que celle de l'initiation aux fonctions, initiation religieuse par le fait de la prestation du serment selon la formule chrétienne : toute la lutte parlementaire pour l'émancipation des Juifs se livra ainsi autour des termes de ce serment (1).

En France, l'arrestation de tous les Juifs est ordonnée à différentes reprises. En 1181, ils sont dépouillés de leurs biens et de leurs créances. En 1197 ils sont rappelés. Expulsions et rappels se reproduisent au siècle suivant. Proscrits en 1306, les Juifs sont de nouveaux frappés en 1311 et en 1312. Cette fois, Philippe le Bel chasse à la fois les Juifs et les Lombards. Les proscrits peuvent rentrer au commencement du règne de Louis X ; l'autorisation s'étend sur un terme de neuf ans. Sous Philippe V, persécutions et massacres. En 1359, rappel, concession de la sauvegarde royale, exemption des impôts. En 1410, expulsion définitive (2). La rivalité et la concurrence entre Juifs et Lombards qui avaient commencé depuis longtemps se terminèrent par le triomphe des derniers. Les Lombards avaient l'appui de leurs gouvernements italiens ; dans les villes de France où ils se fixaient, ils élisaient les chefs de leurs communautés ; ils obtenaient aisément l'autorisation de prêter à des intérêts usuraires en réalité, mais licites par fiction puisque la concession royale les couvrait (3).

Les deux derniers tiers du xve siècle sont marqués dans l'histoire de l'Allemagne par des mesures de spoliation et d'expulsion. Point de contrée, point de

---

(1) J. JACOBS, ouvrage cité, introduction, p. XXI.
(2) J.-J. CLAMAGERAN, *Histoire de l'impôt en France*, t. I, p. 199.
(3) PIGEONNEAU, ouvrage cité, t. I, p. 245.

ville, pour ainsi dire, qui fasse exception. Un des
résultats ne tarde pas à se manifester : pour remplacer les boutiques des Israélites, des banques sont
créées par des chrétiens et bientôt les directeurs
des grandes compagnies sont accusés d'usure et
d'extorsion inique ; comme les Juifs ils encourent
les haines populaires ; un reproche terrible leur est
fait ; on leur impute le crime d'accaparer les denrées de première nécessité (1).

En Espagne, les haines populaires avaient éclaté
à la fin du xive siècle. Assez longtemps les gouvernements osèrent résister. En Castille, au milieu du
xve siècle, les Juifs furent même mis sous la sauvegarde royale et les grands vassaux se virent
invités à les traiter avec humanité. A la fin du xve
siècle, l'Inquisition agit contre les Israélites. En
1492, le gouvernement de Ferdinand et d'Isabelle
prit des mesures atroces. Le baptême fut déclaré
obligatoire ; tout Juif qui refusait de s'y soumettre
était tenu de quitter le royaume dans un délai de
trois mois ; la sanction était la mort et la confiscation. Ceux qui refusaient d'abjurer devaient se
trouver, jusqu'au départ, sous la protection de la
couronne ; ils étaient libres de disposer de leur fortune et de l'emporter en lettres de change, mais
non en or ou en argent. C'était la confiscation
déguisée. Le nombre des proscrits a été évalué à
deux ou trois cent mille. Quatre-vingt mille cher-
chèrent à travers le Portugal un passage vers
l'Afrique : il leur fut vendu par le roi Jean II à
raison de huit écus d'or par tête. Les malheureux

---

(1) J. JANSSEN, *L'Allemagne et la Réforme. L'Allemagne à la fin
du moyen âge.* Traduit de l'allemand avec une préface de G. HEIN-
RICH, pp. 372 et suivantes.

qui ne purent s'embarquer furent réduits en servitude. Des milliers d'autres se firent transporter vers
l'Italie ; beaucoup furent massacrés sur les navires.
« Le reste, dit l'écrivain que nous citons, se dis-
persa en France, en Angleterre et jusqu'au fond du
Levant (1) ».

(1) ROSSEEUW St. HILAIRE, *Histoire d'Espagne*, t. VI, pp. 44 et
suivantes.

CHAPITRE VIII.

LES MARCHANDS ET LES BANQUIERS.

Les marchands italiens ont rempli un rôle considérable dans l'histoire des relations commerciales de l'Europe. Le moyen âge leur dut nombre d'institutions économiques et financières. Ils créèrent les lettres de change ; ils organisèrent les emprunts publics ; ils donnèrent à la pratique commerciale sa technique et ses méthodes.

Quelques villes italiennes produisirent de véritables « types » de négociants habiles, persévérants, prompts à calculer les risques, hardis dans le dessein. Si au début, les marchands se confinaient dans les opérations exclusivement commerciales relatives surtout aux matières premières, ils ne tardèrent pas à faire des entreprises financières et on vit se former, dans nombre de localités, les corporations de *cambisti* faisant le change et acceptant le dépôt. Alors se constituèrent les banques, revêtues tantôt de la seule approbation de la corporation, tantôt de l'autorisation de la république ou du souverain et qui, le dépôt ne suffisant plus à l'activité, se livrèrent aux multiples opérations du crédit.

Dans la liste des grandes maisons de commerce et de banque, véritables puissances capitalistes, les firmes italiennes furent les premières par ordre chronologique. Au xii⁰ siècle déjà, on les voit élargir leur sphère d'action, fonder de divers côtés leurs

11

filiales et leurs comptoirs ; au xiiie et au xive siècle elles couvrirent en quelque sorte la terre civilisée d'un réseau de communications. Elles avaient leurs correspondants ; elles recevaient avis des événements politiques, des combinaisons, des probabilités. Longtemps chaque firme ne comprit que des membres d'une même famille ; au début, les employés étaient choisis parmi les parents. Tout commerce implique la défiance vis à vis des concurrents, et ici se produisit le phénomène habituel du moyen âge, l'affectation du mystère comme moyen de conserver un monopole.

Le besoin urgent de sécurité provoquait parfois chez les marchands rivaux la formation de véritables ligues. Le commerce créait ainsi un pouvoir traitant presque d'égal à égal avec les princes et avec les rois. Les marchands de Lombardie, de Toscane et de Provence négociaient avec les souverains, les seigneurs et les communes au sujet de la sauvegarde de leurs expéditions ; ils fixaient, de commun accord avec eux, les taxes à payer, les visites à subir pour les marchandises. En 1293, leurs envoyés eurent une conférence près de Chambéry avec Amédée V de Savoie. Les délégués de Lombardie et de Toscane étaient accrédités par les marchands de Milan, Florence, Rome, Lucques, Sienne, Orvieto, Venise, Gênes, Albe et Asti. On voit un arrangement intervenir entre les ' présentants du roi de France et le « Capitaine de l'université des marchands lombards et toscans », mandataire des négociants de onze villes italiennes, au sujet du transfert du siège de leur communauté de Montpellier à Nîmes (1). Le

(1) L. CIBRARIO, *Les conditions économiques de l'Italie au temps de Dante*, p. 46.

négoce possède des moyens de sanction quand les princes violent leurs engagements ; il fait choix d'autres routes et prive le contractant de mauvaise foi de réels profits (1). Le transfert d'un passage avait grande importance ; plus important encore pouvait être le choix de localités nouvelles pour les marchés et pour les foires. Quand les Italiens désertèrent les foires de Champagne, la prospérité de Lyon, centre choisi, devint grande.

Le commerce des marchands italiens comprenait tous les produits de leurs villes respectives et les articles du Levant ; l'or, l'argent, les pierres précieuses constituaient une partie importante dans les affaires traitées et bientôt s'y joignirent le change et surtout le prêt à intérêt. Leurs opérations les mirent en face des Juifs, dont ils devinrent les concurrents, les rivaux ; il y eut véritablement lutte en matière d'usure. Les Lombards obtinrent aisément des rois, des princes, des magistrats municipaux l'autorisation de se livrer à leurs combinaisons financières. Mais l'habileté en affaires leur attira, comme aux Juifs, l'envie, l'inimitié. En plusieurs pays, ils furent persécutés.

En France notamment, des décrets de confiscation sont dirigés contre eux en 1253, en 1269 et en 1274 ; parfois des réserves sont faites en faveur de ceux qui ne se livrent pas à l'usure ; parfois la condamnation est absolue (2). Ils trouvent au surplus des accommodements ; ils se rachètent ; le gouvernement semble prendre goût au jeu ; en 1317, pour

---

(1) Pigeonneau, *Histoire du commerce de la France*, t. I, p. 253.
(2) *Ibid*, t. I, p. 252.

citer un cas, Philippe V fait arrêter tous les marchands et tous les banquiers italiens ; il leur imposo une taxe élevée. Les financiers, souples et tenaces, n'en continuent pas moins leurs opérations. Leur activité s'exerce davantage, leurs établissements se multiplient, jusqu'au moment où les malheurs s'abattent sur le pays, et où les ruines accumulées par la guerre de Cent ans mettent obstacle à leurs entreprises.

L'action italienne se fait de nouveau sentir au commencement du xvie siècle. Lyon redevient alors un centre d'affaires excessivement important. La concurrence française se manifeste, mais elle n'arrête nullement le développement de la finance italienne. D'au delà des monts vient, du reste, l'afflux bienfaisant d'habiles artisans ; chassés surtout par la mauvaise administration des agents de l'Espagne, les ouvriers, véritables artistes, de Milan, de Florence, de Naples, apportent à l'industrie et à la manufacture française le goût et le fini dans le travail.

L'Angleterre a été pendant longtemps la terre privilégiée des marchands italiens. Au début, ils font le commerce des laines, mais le prêt à intérêt semble bientôt leur occupation professionnelle. Plusieurs de leurs firmes étaient spécialement protégées par les papes ; nombreuses sont les lettres des pontifes romains les recommandant aux rois et aux reines. Les circonstances favorisaient leur industrieuse activité. Fréquemment le Saint-Siège réclamait au clergé un tantième de ses revenus ; il exigeait les taxes des dîmes pour quatre, cinq, six années. Pour les taxes et pour les autres services, il entretenait un fonctionnaire spécial, le *collector*, résidant à Londres ; mais c'étaient surtout les marchands italiens qui

aidaient à faire rentrer l'argent ; ils se mettaient en
rapport avec les chapitres et les monastères ; ils
avançaient au besoin aux dignitaires ecclésiastiques
ou aux moines l'argent dont ceux-ci avaient besoin
pour se libérer vis à vis du Saint-Siège et qu'ils
étaient dans l'impossibilité de verser immédiatement (1).

La couronne recourait à leurs bons offices avec
une fréquence qu'expliquent ses besoins énormes
d'argent. Les prêteurs prenaient leurs précautions ;
ils se faisaient octroyer des privilèges commerciaux ;
ils se faisaient attribuer des gages ; ils exigeaient
des garants. A de nombreuses reprises, on note des
rapports d'affaires entre les rois et les maisons italiennes. Déjà à la fin du xiie siècle, le roi Jean
promet par des « lettres d'obligation » de payer à des
marchands de Plaisance une somme d'argent qu'ils
ont avancée à des ambassadeurs près de la cour de
Rome par ordre du roi Richard, son prédécesseur (2).
Multiples sont les engagements royaux de ce genre.
Henri III et les trois Édouard empruntent beaucoup. Ils confient d'ailleurs à des marchands italiens
des missions importantes : tantôt le recouvrement
de subsides, tantôt la direction de leurs ateliers
monétaires, dont les ouvriers sont surtout des Italiens, tantôt des postes élevés dans l'administration. Ils les chargent de traiter des affaires pour
lesquelles des sommes assez considérables sont mises
à leur disposition. Un Lucquois devient l'agent de

(1) EDWARD A. BOND, *Extracts from the Liberate Rolls relative
to loans supplied by Italian merchants to the Kings of England
in the 13th and 14th centuries*, dans *Archœologia or miscellaneous
tracts relating to Antiquity*, t. XXVIII, p. 212.

(2) *Ibid.*, p. 216.

confiance d'Édouard Ier ; vers la même époque, ne l'oublions pas, deux marchands florentins, les frères Biccio et Musciato Guidi, dignes conseillers d'un tel roi, dirigent la politique financière de Philippe le Bel.

Les documents officiels prouvent que les banquiers du roi d'Angleterre n'eurent pas toujours à se louer de leurs clients. De la 22e à la 27e année du règne d'Édouard Ier datent de nombreux documents constatant les dettes du roi envers des marchands ; dès le début du règne d'Édouard II apparaissent des reconnaissances des dettes de son prédécesseur et de ses dettes propres ; en 1339, Édouard III devait aux seules compagnies des Peruzzi et des Bardi de Florence 1,355,000 florins d'or ; quand, en cette année, il annonça qu'il suspendait tout remboursement des créanciers de la couronne, un grand nombre de maisons florentines furent entraînées dans la ruine. La liquidation des Peruzzi et des Bardi aboutit à la distribution d'un dividende de 15 ou 20 pour cent. La mauvaise foi d'Édouard III n'avait pas été la seule cause de la ruine ; à la même époque, le roi de Sicile avait refusé de payer aux deux firmes près de 200,000 florins d'or qu'il leur devait, et des mesures iniques venaient d'être prises en France contre les banquiers italiens en général.

Les marchands, changeurs et banquiers italiens s'étaient installés dans la plupart des pays. En Allemagne notamment, ils avaient des établissements dans toutes les villes importantes. Il en était de même dans les Pays-Bas où ils prenaient généralement en concession les « tables de prêt ». Nous avons vu que les papes les protégaient de manière spéciale. Ils s'en servaient pour recueillir leurs revenus dans les divers pays de la chrétienté. Pres-

que toutes les firmes italiennes ont servi ainsi d'intermédiaires au Saint-Siège. Au milieu du xiiie siècle,
des Siennois surtout avaient été en faveur ; Orlando
di Bonsignore, chef d'une maison qui faisait des
affaires en Italie, en France, en Angleterre, en
Asie Mineure, était personnellement honoré de l'amitié
d'Urbain IV et sa firme fut placée sous la protection de Clément IV. Bientôt, la bienveillance pontificale s'étendit sur la plupart des sociétés italiennes.
En plusieurs pays, en France par exemple, le titre
d' « officier de l'Église » protégeait certains marchands contre les saisies vis-à-vis des gens du roi (1).
Les papes relevaient les banquiers italiens de l'excommunication dont leur cité était frappée, levant
ainsi la défense faite aux débiteurs de s'acquitter de
leurs dettes. En d'autres cas, le Saint-Siège menaçait de l'excommunication quiconque ne tenait point
à l'égard des marchands les engagements contractés.
Les exemples sont fort nombreux ; les princes reçoi-
vent des avertissements solennels, suivis, s'il le faut,
de toutes les mesures de rigueur et même de l'interdit jeté sur des villes entières.

A cela se rattachait d'ailleurs la compétence des
tribunaux ecclésiastiques. Ceux-ci pouvaient juger
dans les actions dirigées contre certaines catégories
de personnes, comme les clercs, et dans les demandes
basées sur des conventions qui reconnaissaient la
compétence de la cour d'Église soit expressément,
soit par le fait de la comparution des parties con-
tractantes devant un notaire ecclésiastique. La juridiction ecclésiastique était souvent préférée à la

---

(1) G. SERVOIS, *Emprunts de saint Louis en Palestine et en Afrique* dans la *Bibliothèque de l'École des chartes*, quatrième série,
t. IV, p. 113.

juridiction civile : les juges étaient mieux versés
dans la connaissance du droit que les juges royaux
et surtout que les juges seigneuriaux. La sanction
toute spirituelle était suffisante, du moins dans la
règle, pour obtenir l'exécution par le défendeur du
jugement qui le condamnait. Cette sanction était
l'excommunication. En matière civile et commerciale,
la juridiction ecclésiastique n'impliquait ni les peines
de prison, ni la saisie des biens ; mais l'excommunication suffit assez longtemps pour assurer l'exécution des sentences ; au surplus, elle constituait un
réel châtiment et entraînait de fâcheuses conséquences, au delà même de la mort du condamné auquel
la sépulture bénite était refusée et dont le corps
était déterré et rejeté hors de la terre consacrée.

Les affaires civiles et commerciales exigent la rapi-
dité dans l'application des règles judiciaires ; l'accès
des tribunaux doit être aisé ; la justice expéditive.
La procédure canonique offrait sous ce rapport d'indéniables avantages. En effet, elle avait fini par
faire appliquer la sanction de l'excommunication,
non seulement quand le défendeur faisait défaut, non
seulement quand le condamné refusait de se soumettre à la sentence du tribunal, mais sans qu'il y
eût eu jugement, sur un seul avertissement. Il suffisait que le débiteur reconnût sa dette devant une
cour d'Église et consentît à être excommunié sur
simple avertissement s'il ne payait pas au terme
fixé. C'était l'obligation *cum clausula de nisi*, l'obligation *de nisi*. Ainsi se produisait l'excommunication
pro contumacia, l'excommunication *pro judicato* et
l'excommunication *pro judicato de nisi*. Le système
fut surtout en vigueur dans la deuxième moitié du
XIVe siècle et dans la première moitié du XVe ; le

pouvoir royal le combattit ; il s'en prit d'abord à
l'ingénieuse obligation *de nisi* qui, dès le XVIe siècle,
fut poursuivie par l'arme gouvernementale de l'appel
comme d'abus ; il finit par prononcer contre les offi-
cialités la défense générale de procéder par voie
d'excommunication (1).

Les grandes maisons italiennes avaient un commerce très étendu avec le Levant ; par leurs succursales elles reliaient ainsi l'Orient à l'Occident. La
compagnie des Peruzzi comptait aux grands jours
de sa prospérité seize succursales, s'espaçant depuis
Londres et Bruges jusqu'à Tunis et jusque dans
l'île de Chypre. La lettre de change servait de véhi-
cule au crédit, dispensant du transport de lingots
d'or et d'argent ou bien de monnaies qui se dépré-
ciaient de frontière à frontière, bravant les brigands
et les voleurs.

La loyauté présidait aux opérations. Souvent des
firmes garantissaient l'exécution des engagements
que prenait une maison et se substituaient à elle
quand elle ne pouvait remplir ses obligations. Des
conventions entre les villes protégeaient à leur tour
le commerce. Florence et Pérouse, pour citer le cas,
entretenaient l'une chez l'autre un arbitre chargé de
résoudre, avec l'assistance d'un juge, tout litige entre
les marchands des deux républiques, et quand le
débiteur ne possédait pas de biens pour acquitter sa
dette, ses marchandises étaient assujetties en faveur
du créancier à un péage proportionnel (2).

---

(1) *École française de Rome. Mélanges d'archéologie et d'histoire.*
Cinquième année, pp. 236 et suivantes : *Débiteurs privés de sépulture* par A. ESMEIN.

(2) F.-T. PERRENS, *Histoire de Florence*, t. III, p. 267.

Les opérations de change et de banque devinrent
l'objet d'une profession distincte quand il fallut
assurer la circulation et pourvoir ainsi à un des plus
grands besoins du commerce. Athènes avait eu des
sociétés en participation et des bailleurs de fonds
touchant des dividendes, quatre siècles avant notre
ère. Le trafic sur l'argent, l'or, les monnaies, les
valeurs d'échange en général avait été très développé
à Rome, où les *nummularii* et *probatores* se livraient
les uns aux opérations sur les monnaies métalliques,
les autres aux opérations de contrôle, et où les *argen-
tarii* s'étaient de bonne heure organisés en corporation (1). Le *Livre du préfet* renferme une série de
dispositions sur les banquiers ou changeurs dans la
capitale de l'empire byzantin. Pour être admis dans
la corporation des banquiers, il faut fournir le témoignage d'hommes honorables répondant pour le candi-
dat qu'il ne fera rien contre les ordonnances, c'est-à-
dire qu'il « ne limera ou ne rognera ni sous d'or, ni
milliarises », qu'il n'en frappera pas de faux, et que
si un service public l'empêche de vaquer à ses affaires,
il n'installera aucun de ses esclaves à sa banque pour
la diriger à sa place. La contravention à ces règles
est sévèrement punie : le délinquant a la main coupée.
Les changeurs sont tenus de dénoncer au préfet les
« sacculaires », les changeurs marrons qui rôdent
sur la voie publique, chargés de leurs sacs de monnaie ; ils ne peuvent rien décompter sur la pièce d'or
milliarise si elle est de bon aloi et porte l'effigie
impériale authentique ; ils doivent la prendre pour
ce qu'elle vaut si elle n'est pas de bon aloi ; le châ-

---

(1) A. DELOUME, *Les manieurs d'argent à Rome jusqu'à l'empire,*
pp. 147 et suivantes.

timent est le fouet, l'ablation des cheveux et de la barbe, la confiscation. Ils sont obligés de dénoncer les pièces fausses et leurs détenteurs (1). Des changeurs apparaissent dans les villes arabes ; un géographe arabe, Ibn Haquel, les montre à Palerme en 977.

En Italie. le terme de *campsor* désigne le changeur dès le XIIe siècle. En 1111, les changeurs et les négociants de Lucques prêtent le serment de ne point voler, frauder, falsifier ; « *nec furtum faciant, nec treccamentum aut falsitatem* ». Des tables de changeurs sont mentionnées dans une donation faite, en 1138, à l'église du Saint-Sépulcre par le roi Foulques de Jérusalem. Le terme *cambia* est employé, à Gênes, en 1156 (2). On distingue bientôt entre les *cambiatori*, les « changeurs », nom donné aux banquiers, et les *mercatanti*, les marchands faisant plus spécialement le commerce de la laine et de la soie (3). En 1171, les chefs de la ligue lombarde obtiennent de Frédéric Barberousse que les coutumes usitées dans les « tables », *tavole*, des changeurs et des négociants, seront respectées. En 1190, les *cambiatori* d'Amalfi résidant à Naples acquièrent le privilège d'avoir leurs propres consuls. Dans l'organisation démocratique qui s'opère à Florence, en 1266, l' « art du change » est un des sept arts majeurs, une des sept corporations bourgeoises, les quatorze arts mineurs renfermant les ouvriers. Avant cette date, l'art

---

(1) *Le livre du préfet ou l'édit de l'empereur Léon le Sage sur les corporations de Constantinople.* Traduction française du texte de Genève par JULES NICOLE. Avec une introduction et des notes explicatives, p. 28.

(2) A. PERTILE, *Storia del diritto italiano*, t. IV, p. 698.

(3) P. ROTA, *Storia delle banche*, pp. 36 et suivantes.

du change existait ; en 1201, on note les *consoli de'
cambiatiori*, et en 1204, le même « art » avait pris
part à un traité conclu entre Florence et Sienne.
Signalons ici qu'un des services rendus aux républiques italiennes fut l'amélioration de la monnaie.
En 1252, apparaît le florin d'or de Florence, pur à
24 carats, équivalant intrinsèquement à 12 francs
17 centimes, mais dont la valeur était bien plus
grande si l'on songe que le pouvoir de la monnaie
était alors cinq ou six fois supérieur au pouvoir de
la monnaie de nos jours. Dans la même ville s'introduit l'emploi du *fiorino di suggello ;* les florins
étaient examinés, comptés, réunis dans des sachets
de peau qui étaient fermés et scellés au sceau de la
ville et qui servaient au payement des grosses sommes.

A côté des banques privées se placent les banques
publiques. La « banque de Venise », fondée selon
les auteurs en 1171, semble avoir été plutôt une
association de créanciers de la république formée à
l'occasion d'un emprunt contracté par celle-ci. Les
banques publiques de Venise n'apparaissent que plus
tard. La création d'une banque privée est réglée
par les lois vénitiennes dès 1270 ; l'ingérence administrative domine ; il faut une caution de 3,000 livres
et bientôt de 5,000 livres ; il faut une autorisation.
Certaines opérations commerciales sont interdites ;
le chiffre des autres est limité à une fois et demie
le montant des prêts faits à la seigneurie. Du XIVe
au XVIe siècle se succèdent ainsi une série de mesures
législatives. En 1524, des fonctionnaires sont établis
pour surveiller les banques et on finit par faire
nommer les banquiers par l'intervention gouvernementale (1).

(1) P. ROTA, ouvrage cité, pp. 93 et suivantes

Une banque publique est fondée à Venise en
1589 ; le gouvernement désigne trois magistrats
pour la diriger. Une nouvelle banque publique, le
Banco giro, qui subsiste jusqu'à la chute de la république, date de 1619.

La banque de Saint-Georges, créée à Gênes en
1407, est en réalité un grand institut national,
administré par les intéressés et par leurs représentants directs, fondé sur le développement des industries génoises et vivant du produit des gabelles et
de la douane. A un moment donné, la république
lui cède Caffa et les colonies de la mer Noire, et
elle devient véritablement un État dans l'État (1). La
« Table », *Tavola*, de Palerme date, selon les uns, du
xiv° siècle, selon les autres, de la fin du xvi° siècle ;
comme la *Tavola* de Messine, elle était une banque
publique. Là, était organisé un système d'ordres
de payement, dans lesquels on a voulu voir l'origine
des chèques. Barcelone a sa banque, *Taula de Cambi*,
dès 1401.

En 1609, se place la fondation de la Banque d'Amsterdam qui, comme nous l'avons vu déjà, servit en
quelque sorte de modèle quand fut créée, en 1694,
la banque d'Angleterre.

Le xvi° siècle avait vu se développer en Allemagne de puissantes maisons ; vouées d'abord exclusivement au commerce, celles-ci n'avaient pas tardé
à se livrer aux affaires financières, soit parce
qu'elles avaient été obligées de prendre en gage les
mines d'argent, d'entreprendre leur exploitation et
d'écouler les produits, soit parce que leur négoce

(1) E. Nys, *Études de droit international et de droit politique*,
p. 32.

alimenté surtout par Venise faiblissait précisément parce que le commerce général de cette ville ne cessait de baisser (1).

Quelques-unes de ces maisons allemandes arrivèrent à de grandes fortunes. Les chiffres sont instructifs si on les choisit de siècle à siècle. Abstraction faite de la fortune personnelle de ses membres, la maison Fugger d'Augsbourg possédait, au milieu du xvie siècle, 50 millions de francs et maniait ainsi une force commerciale de 200 millions de francs au moins. En certaines années, le bénéfice était de 54 pour cent ; en d'autres années, il s'élevait à 2 1/5 pour cent au plus ; pour trente-deux années du commencement du xvie siècle sur lesquelles on possède des renseignements, la moyenne est de 32 1/2 pour cent. La richesse des Médicis de Florence était proverbiale. Laurent de Médicis et son frère Cosme possédaient, vers le milieu du xve siècle, plus de 7 millions de notre monnaie, dont la force commerciale peut être évaluée à plus de 37 millions de francs. Si l'on remonte au début du xive siècle, on voit les Peruzzi posséder environ 625,000 francs représentant une force commerciale de près de 4 millions de francs (2).

A un autre point de vue, on peut signaler l'organisation par les grandes firmes d'un véritable service d'information. Au xve siècle, les représentants de la maison de Médicis à Lyon tenaient une sorte de bureau de renseignements sur les affaires politiques de France ; d'ailleurs toutes les banques italiennes établies dans ce dernier pays constituaient des agences

(1) R. EHRENBERG, *Das Zeitalter der Fugger Geldkapital und Creditverkehr im* 16. *Jahrhundert.* T. I, *Die Geldmächte des* 16. *Jahrhunderts*, p. 187.

(2) *Ibid.*, t. I, p. 386.

politiques autant que financières (1). Dans la deuxième moitié du xvıᵉ et au commencement du xvııᵉ
siècle, les Fugger avaient des correspondants dans
les principales villes d'Europe et leurs lettres dénotent
une exacte connaissance de la politique contemporaine (2).

Mentionnons enfin une entreprise considérable
tentée précisément par une firme allemande. Sous
Philippe II, les Fugger furent en instance auprès
du gouvernement espagnol à l'effet de se faire céder
de vastes territoires dans le Chili actuel ; sous Charles-
Quint, les Welser d'Augbourg avaient obtenu toute
une province du Venezuela : la couronne abandon-
nait la majeure partie de son droit sur l'or et
l'argent ; elle autorisait les cessionnaires à réduire
en servitude les Indiens qui essaieraient de résister ;
elle leur reconnaissait les droits les plus étendus.
Les Welser installèrent dans la colonie nouvelle un
gouverneur et des fonctionnaires et leur domination
sur les terres du Nouveau Monde dura vingt-six
années.

Il est permis de mentionner parmi les institutions
qui ont favorisé le mouvement de l'Europe médiévale,
les foires et les réunions connues plus tard sous le
nom de bourses.

Les foires donnèrent au négoce la sécurité ; elles
amenèrent le contact fréquent des marchands de pays
éloignés ; elles préparèrent l'uniformité des règles
juridiques. Ces marchés périodiques apparurent de

---

(1) R. DE MAULDE LA CLAVIÈRE, *La diplomatie au temps de
Machiavel*, t. I, p. 451.

(2) GACHARD, *Notice sur les manuscrits concernant l'histoire de
Belgique qui existent à la Bibliothèque impériale de Vienne*, p. 67.

bonne heure ; sans insister sur les cinq grandes foires
annuelles qui se tenaient en Arabie longtemps avant
Mahomet, on peut rappeler que, dans la première
moitié du moyen âge, des réunions du commerce
avaient lieu aux étapes principales des routes commerciales de l'Orient vers l'Occident, de Kiev aux
îles Britanniques. A mesure que le mouvement économique augmenta, les centres se multiplièrent. Point
de contrées bientôt qui ne comptât des villes où, à
certaines dates, accouraient les marchands du monde
connu. Les foires coïncidaient fréquemment avec les
pèlerinages. Le phénomène ne se bornait point aux
pays d'Europe ; il se produisait également en Afrique
et en Asie.

Au surplus, pour nous en tenir à l'Europe, la
protection s'étendait sur le négoce. Le « décret de
la paix » fut solennellement proclamé dans le concile de Clermont de 1095 ; fréquemment renouvelé,
il fut sanctionné une dernière fois par le troisième
concile de Latran de 1179 comme loi générale de la
chrétienté. Il prohibait en tout temps d'exercer des
violences contre les marchands, qui étaient mis sur
la même ligne que les prêtres, les moines, les frères
convers, les pèlerins (1). D'autre part, l'intérêt amenait les princes et les municipalités à surveiller les
routes, à établir ce qu'on appelait le *conductus nun-
dinarum*. La doctrine rivalisait même avec la pratique et un auteur, résumant l'état de la théorie,
montrait dans l'immunité du négoce résultant des
privilèges des grandes foires une sûreté « civile »,
qu'il mettait en regard de la sûreté du « droit des

_____

(1) E. Nys, *Les origines du droit international*, p. 80.

gens » reconnue aux ambassadeurs (1). Pour les
foires existait généralement une juridiction spéciale,
constituée de façon à réunir les conditions de l'im-
partialité et de la rapide décision des litiges.

Dans le grand nombre de foires il nous faut
signaler celles qui, au XVIe siècle surtout, se rattachaient aux opérations du change. Lyon, Besançon
où, en 1537, Charles-Quint essaya d'attirer les Génois,
Plaisance, Anvers, Francfort furent les principales.
A la fin du XVIe siècle et pendant la première moitié
du XVIIe, les foires de Plaisance étaient les plus
importantes. Depuis plus d'un demi-siècle, Gênes
était la plus grande puissance financière de l'Europe.
Ses banquiers et ses hommes d'affaires, qui avaient
fréquenté assidûment les foires de Besançon, trans-
portèrent le siège de leurs opérations à Poligny
d'abord, à Chambéry ensuite, puis, en 1576, en Italie
où ils finirent par faire choix de Plaisance. Dans les
idées de l'époque, les opérations de change exigeaient
le choix d'une place étrangère ; on prétendait justifier ainsi, au point de vue théorique, les différents
gains que le change produisait, en les montrant
nécessités par les frais qu'entraînait l'opération faite
au loin. Ainsi naissait la notion de la condition
essentielle d'une remise d'un lieu à un autre.

Dans la première moitié du XVIe siècle, Lyon avait
été le point central des affaires de change ; les ban-

---

(1) VINCENT RIGAULT, *Allegationes super bello Ytalico*, fo XXVI
verso « Quædam est securitas de jure gentium, prout illa quæ datur
legatis et ambassiatoribus, et nemo potest illos offendere. Alia est
securitas civilis, ut vadens ad nundinas non possit inquietari. Et
ista non porrigitur ad hostes ; sed si detur,....... est servanda fides ».
La citation est donnée par M. DE MAULDE LA CLAVIÈRE dans *La
diplomatie au temps de Machiavel*, t. II, p. 67.

quiers florentins y avaient dominé ; le « change de
Lyon », le *cambium lugdunense*, servit même de type ;
il fut discuté et analysé par les auteurs. Un droit
commun se forma d'ailleurs en matière de change,
le « change des foires », le *cambium nundinale* ou
feriarum, produit de la pratique et de la coutume
marchande, qui finit par être incorporé dans les
ordonnances municipales et dans les lois. A Plaisance, où se rendaient en même temps des Milanais,
des Toscans, des Vénitiens, l'élément génois affirma
sa prépondérance à tel point que le nom de « foires
génoises » prévalut pour la désignation. Tous les
trimestres, cinquante à soixante représentants des
plus grandes maisons s'y réunissaient. Pour être
admis, il fallait déposer un cautionnement de 2,000
écus ; pour participer à la fixation du cours, il fallait
avoir un comptoir et verser un cautionnement de
4,000 écus. Les ducs de Parme avaient concédé des
privilèges étendus ; le « magistrat de la foire » se
composait d'un consul et de deux conseillers ; le
consul et l'un des conseillers étaient désignés par la
seigneurie de Gênes ; le deuxième conseiller était élu
par les banquiers milanais, mais ses pouvoirs étaient
confirmés par Gênes. L'appel des décisions du magistrat se jugeait dans cette dernière ville. Un chancelier nommé par tous les banquiers représentait le
pouvoir exécutif, faisait les écritures et dressait les
protêts (1).

La foire de Plaisance durait huit jours ; les banquiers procédaient successivement à l'acceptation des
lettres de change, à la fixation du taux du change,

_____

(1) W. ENDEMANN, *Studien in der romanisch-kanonistischen Wirthschafts-und Rechtslehre bis gegen Ende des siebsehnten Jahrhunderts*, t. I, pp. 174 et suivantes.

à la compensation. On ne se servait guère de monnaie. C'était au point que Raphaël de Turri écrit que les banquiers qui liquidaient des comptes de centaines et de milliers de florins d'or, avaient à peine sur eux de la monnaie pour quelques jours. « Le créancier, ajoute-t-il, n'a horreur de rien tant que de recevoir de la monnaie ».

Au xvi⁰ et au xvii⁰ siècle, les banquiers de l'Europe occidentale se servaient d'une monnaie de compte, le *scudo di marche*, le mot *marcha* venant, selon Sigismond Scaccia, de ce que cette monnaie était l'instrument servant à contracter des marchés. Le *scudo di marche* avait une valeur fixe et permettait d'aller bien au delà des conventions et des ligues monétaires usitées jusqu'alors et qui avaient pour but l'admission réciproque, la monnaie frappée sur le même pied, ou bien encore la monnaie commune aux pays contractants.

Dans la « foire de change » les banquiers fixaient le prix du change sur les diverses places de l'Europe. Des gouvernements prétendirent intervenir dans le même sens et fixer un prix maximum du change par la voie législative. Naples tenta l'expérience dans la pragmatique du 30 juin 1607 : au bout de quelques semaines les résultats désastreux de l'ingérence se firent sentir et l'exécution du décret dut être suspendue (1).

Ce qui facilitait les opérations de compensation dans les « foires de change », c'était la possibilité de s'appuyer par le rechange sur le crédit de l'Europe presque tout entière représentée par les banquiers.

(1) P. Rota, ouvrage cité, p. 61.

Ainsi se traitaient des affaires considérables, alimentées surtout par les emprunts que le gouvernement espagnol ne cessait de faire. C'étaient principalement les banquiers de Gênes qui avançaient aux rois d'Espagne les sommes folles que coûtait leur politique de guerre en Italie, en France, dans les Pays-Bas. A chaque instant intervenaient des contrats, des *asientos*, où les banquiers contractants, les *asientistas*, s'engageaient à pourvoir aux besoins du moment à condition qu'on leur garantît le produit des mines du Nouveau Monde dès qu'il serait débarqué en Europe. De 1575 à 1650, le montant des *asientos* fut rarement moindre de 5 millions de ducats par an ; en certaines années il s'éleva à 10 millions. A Gênes, les banquiers intéressaient à leurs opérations toutes les classes de la société ; nobles bourgeois, prêtres y participaient ; couvents et fondations pieuses risquaient leurs capitaux. Le profit, était souvent fort élevé ; et si, comme l'événement le prouva, le péril était grand de voir le gouvernement espagnol mis dans l'impossibilité de remplir ses engagements, les spéculateurs trouvaient de nouvelles occasions de gain dans les fournitures des munitions de guerre et d'armes qu'ils faisaient à l'Espagne et sur lesquelles ils s'assuraient toujours de réels bénéfices. L'important était de renouveler les lettres de change et d'éloigner le plus possible la date de l'échéance ; c'était la mission du rechange, mission que les foires trimestrielles de Plaisance rendaient possible, aisé, commode (1).

(1) R. EHRENBERG, *Das Zeitalter der Fugger. Geldkapital und Creditverkehr im* 16. *Jahrhundert,* t. II. *Die Weltbörsen und Finanzkrisen des* 16. *Jahrhunderts,* p. 232.

Les réunions des marchands sur des places ou en des locaux déterminés se constatent dans la plupart des villes ; ainsi, dans les cités occupées sur les côtes d'Asie par les croisés ; ainsi dans les républiques italiennes. Le « vieux marché » de Gênes est plus spécialement affecté aux opérations financières dès le commencement du xiiie siècle ; le même genre d'affaires se concentre à Venise sur le Rialto et sur la place de Saint-Marc ; une galerie est édifiée à Florence sur le « marché neuf » ; Montpellier a sa « loge des marchands » ; Barcelone possède sa *lonja* dès le xive siècle. Le terme « bourse » vient de Bruges. Le nom et l'institution réapparaissent à Anvers en 1460. En France, les mots « bourse commune » impliquent à la fois l'idée de réunion de marchands et de tribunal de commerce, dans les édits du milieu du xvie siècle. A Londres, une première tentative est faite, en 1535, pour créer l'*Exchange ;* de 1561 à 1571 datent les efforts de sir Thomas Gresham ; jusque là, la rue des Lombards, *Lombard street*, servait aux réunions ; les Italiens la désignaient par l'appellation *strada* et longtemps, dans les Pays-Bas, les formules d'assurances se rapportèrent aux « usances et coutumes de la strada de Londres ». Nuremberg et Augsbourg avaient leurs lieux de réunion au commencement du xvie siècle ; Cologne et Hambourg créent des « bourses », la première de ces villes en 1553, la seconde en 1558. Le mot *Börse* toutefois n'a droit de cité que plus tard (1). L'utilité de l'institution pour la facilité des transactions est apparente ; un résultat important fut la formation dans l'Europe

---

(1) R. EHRENBERG, ouvrage cité, t. II, pp. 69 et suivantes.

occidentale d'une opinion publique se prononçant en connaissance de cause sur le crédit des maisons et sur le crédit des États (1).

(1) R. EHRENBERG, ouvrage cité, t. II, p. 123.

CHAPITRE IX.

LE TRÉSOR DE L'ÉGLISE. — LES TEMPLIERS. — LES HOSPITALIERS.

Le trésor de l'Église romaine a surtout pris de l'importance à partir du commencement du xiii° siècle. Déjà une concentration de toutes les ressources avait été tentée antérieurement ; les revendications des papes de la fin du xi° siècle et plus spécialement de Grégoire VII avaient accru les ressources de la grande institution. Mais ce furent les croisades qui démontrèrent l'absolue nécessité d'assurer à l'œuvre ecclésiastique des revenus stables et de veiller à la rentrée des impositions, des taxes, des cens que devaient au Saint-Siège les diocèses et les abbayes, les royaumes et les principautés. Les impositions ecclésiastiques avaient pour but la défense de l'Église, la propagande de sa doctrine, l'affirmation des droits de ses pontifes suprêmes. Les guerres contre les Musulmans d'Espagne, d'Afrique et d'Asie et contre les populations païennes de l'Europe orientale étaient des causes pieuses de guerre ; mais l'idée s'introduisit et triompha que des causes non moins pieuses étaient les luttes contre les schismatiques grecs et les hérétiques et contre n'importe quel ennemi de l'Église. Ainsi s'établit cette autre notion que même les guerres entreprises ou autorisées par les papes pour défendre leur autorité méconnue étaient de

caractère religieux. Le XIII° siècle surtout présente à
ce sujet le curieux spectacle de « croisades » aux
privilèges et aux indulgences traditionnels prêchées
contre des chrétiens dont l'unique crime est de con-
trecarrer les projets du Saint-Siège. Les papes s'arro-
gent une mission civilisatrice ; leur politique s'étend
sur le monde entier ; comme le porte une bulle
adressée en 1262 par Urbain IV à la république de
Gênes qui avait commis l'impardonnable faute de
s'allier à Michel Paléologue, l'empereur schismatique,
ils défendent et favorisent l'intérêt de la foi catholique et la prospérité de « la république de la chrétienté ».

A s'en tenir même aux expéditions vers la Terre
Sainte, les guerres religieuses coûtaient cher ; aussi
avisa-t-on à créer des ressources et à en régler l'administration. Il y eut en plusieurs pays des impositions spécialement faites en vue d'expéditions vers
l'Asie. Le pouvoir civil les établissait et en opérait
la perception, tantôt au moyen de ses fonctionnaires
comme le fit Louis VII de France en 1147, tantôt
avec l'assistance des autorités ecclésiastiques. Le
Saint-Siège tenta de faire prévaloir la notion qu'il
possédait le droit d'exiger la perception d'une taxe
en vue d'une guerre sainte. Ses prétentions furent
combattues assez vite, mais il n'y en eut pas moins
une période où tous les gouvernements de la chrétienté les reconnurent. Se bornant d'abord au clergé,
elles finirent par s'étendre jusqu'aux laïques. En
théorie, la question fit l'objet de discussions et il fut
généralement admis que s'il y avait une obligation
juridique pour le clergé de payer la dîme de la
croisade, il y avait pour les laïques une obligation
morale.

A partir d'Innocent III se constitua une administration qui couvrit peu à peu tous les pays de la chrétienté et qui reçut sa forme définitive dans le dernier tiers du XIII⁰ siècle. Au concile de Lyon de 1274, Grégoire X appela individuellement auprès de lui les membres de l'assemblée et obtint leur assentiment pour l'imposition d'une taxe au profit de la Terre Sainte. Une dîme des revenus des différentes églises de la chrétienté fut ainsi établie pour trente-six années. Des collecteurs spéciaux furent nommés dans la plupart des pays et vingt-trois groupes géographiques furent institués [1]. Le consentement des princes était nécessaire, mais ceux-ci l'accordaient généralement car ils avaient leur part dans le produit. Le roi de France notamment obtint de Grégoire X la moitié de la recette annuelle de la dîme et un prêt de 50,000 marcs d'argent. Il est vrai qu'en quelques contrées des contestations surgirent ; c'est ainsi que Philippe le Bel fit reconnaître par Boniface VIII le droit du roi de France de contraindre le clergé de France à payer des impôts pour subvenir aux besoins du gouvernement [2].

La perception de la dîme fut confiée par le pape aux évêques. Le produit en était considérable ; dans les vingt-cinq dernières années du XIII⁰ siècle, pour toute l'Église, il s'élevait à 800,000 livres, somme représentant d'après un calcul plus de 14 millions de francs, d'après un autre calcul plus de 20 millions.

[1] A. GOTTLOB, *Die päpstlichen Kreuzzugs-Steuern des* 13. *Jahrhunderts*, pp. 94 et suivantes.

[2] E. BOUTARIC, *Notices et extraits de documents inédits relatifs à l'histoire de France sous Philippe le Bel*, dans les *Notices et extraits des manuscrits de la Bibliothèque nationale et autres bibliothèques*, t. XX, p. 88.

Les impositions dont nous parlons ne formaient pas les seuls revenus du Saint-Siège. Dans l'Europe féodale, celui-ci avait pris l'apparence que prirent les personnes morales et que prirent les individus ; il fut une seigneurie, un ensemble de droits (1).

Comme nous l'avons signalé ailleurs, il se faisait attribuer des redevances, prix en réalité, soit de la protection spéciale qu'il promettait, soit des privilèges et des immunités qu'il garantissait (2). Monastères, évêchés, villes, nobles et princes s'engageaient ainsi à remettre annuellement au trésorier de l'Église de Rome, au *camerarius*, une somme d'argent, ou de lui faire des prestations en nature. Des recueils renseignaient au trésorier ces obligations ; de la fin du XIIe siècle date la confection d'un registre des cens confectionné afin de remédier à ce que ces recueils présentaient d'incomplet, c'est le *Liber censuum*, œuvre du camérier Cencius Savelli qui devint pape sous le nom de Honorius III. La théorie romaine, rappelons-le, exagérait la portée du cens ; pour elle, les sommes d'argent, les prestations en nature étaient la reconnaissance d'un « droit de propriété du prince des apôtres » ; les *censuales* qu'ils fussent des châteaux ou des monastères, des villes ou des royaumes étaient « *in jus et proprietatem beati Petri consistentes* ».

Dans la transmission de l'argent destiné au Saint-Siège, les marchands italiens et les deux ordres militaires du Temple et de l'Hôpital servaient généralement d'intermédiaires. Comme nous l'avons vu, les services des marchands italiens étaient appréciés

----

(1) PAUL FABRE, *Étude sur le Liber censuum de l'Église romaine*, Avant-propos, p. II.

(2) E. NYS, *Études de droit international et de droit politique*, p. 129.

par les souverains pontifes, qui avaient presque
toujours auprès d'eux des représentants de l'une ou
de l'autre firme pour les opérations de leur trésor.

L'administration pontificale avait ses règles et ses
traditions financières dont on a pu dire qu'elles servaient de modèles aux gouvernements royaux. Elle
avait une sanction, l'excommunication encourue de
plein droit quand, au terme voulu, le débiteur ne
remplissait pas ses engagements. Elle savait organiser dans toute la chrétienté une véritable inspec-
tion. Quand Benoit XI succède à Boniface VIII, les
besoins du Saint-Siège sont grands, les ressources
sont nulles. Beaucoup de redevances n'ont pas été
acquittées et le trésor de l'Église vient d'être pillé à
Anagni par Sciarra Colonna. Le nouveau pape
envoie des missions dans la plupart des pays ; il
veut faire recueillir les contributions décrétées par le
concile de Lyon pour les besoins de la Terre Sainte,
les décimes imposés par Boniface VIII « pour les
charges et les nécessités » de l'Église, les redevances
arriérées que les papes ont jadis établies et qui
restent impayées (1). Il arme ses délégués des plus
grands pouvoirs : droit de faire enquête et de recourir
à toutes les censures, même à l'excommunication,
à l'égard de n'importe qui. Il oblige les chefs des
maisons religieuses à les recevoir, à les défrayer, à
les protéger. Le mandataire donne quittance au
nom de l'Église ; il tient une exacte comptabilité,
il remet aux Cerchi et aux Bardi de Florence, banquiers ordinaires du pape, les sommes recueillies et
la valeur des objets reçus en nature, il se fait don-

(1) *École française de Rome. Mélanges d'archéologie et d'histoire,*
1883. Recherches sur l'administration financière du pape Benoît XI
par Ch. Grandjean, p. 55.

ner un compte détaillé indiquant à la fois la liste
des sommes et l'évaluation en florins d'or, selon le
cours du change, des espèces remises.

Les frères de la milice du Temple et les frères de
l'Hôpital apparaissent au commencement du XII° siècle.
Une tradition attribue à saint Bernard la rédaction
de la règle des Templiers ; cette règle imposait aux
membres l'exil perpétuel de leur patrie et la guerre
sans trève contre les infidèles. La mission des Hospitaliers était également la lutte sans merci contre
l'ennemi de la foi (1). Les deux ordres devinrent très
puissants. Dans l'Orient latin ils acquirent de vastes
territoires, en apparence par des donations, en réalité
par les ventes que faisaient les barons des principautés franques qui se trouvaient dans l'impossibilité
de défendre leurs domaines contre la puissance toujours plus menaçante des Sarrasins (2). En plusieurs
pays d'Occident ils possédaient de nombreuses propriétés, exploitations agricoles pour la plupart, et outre
les revenus de ces fiefs, ils percevaient des droits
assez fructueux. Mais leur source principale de
richesse se trouvait dans leur activité financière ; sous
ce rapport, les Templiers surtout déployèrent de
réelles qualités et M. Delisle a pu écrire que « précurseurs ou émules des sociétés italiennes, ils ont
eu pendant longtemps entre leurs mains une grande
partie des capitaux de l'Europe (3). »

(1) E. Nys, *Les origines du droit international*, p. 143.

(2) Rey, *Les colonies franques de Syrie aux XII° et XIII° siècles*,
p. 116.

(3) L. Delisle, *Mémoires sur les opérations financières des Templiers*, dans les *Mémoires de l'Institut national de France. Académie des Inscriptions et Belles-Lettres*, t. XXXIII, deuxième partie,
p. 1.

Les ordres militaires et principalement l'ordre du
Temple faisaient des opérations financières diverses ;
ils recevaient des dépôts, faisaient des avances, ils
transportaient au loin des sommes considérables, ils
faisaient les paiements au moyen de correspondances
ou de jeux d'écriture.

Dans les maisons du Temple étaient déposés les
trésors des rois, les joyaux précieux, les documents
importants. Le motif était simple : elles étaient de
vraies forteresses, à l'abri de la violence. Elles
offraient, du moins dans la règle, plus de sécurité que
les églises et que les monastères, où l'on s'empressait
surtout en temps de guerre à porter les objets les
plus précieux. L'ordre respectait ses engagements ;
il les plaçait, du reste, sous la garantie religieuse,
et Joinville nous montre le commandeur du Temple
se retranchant derrière le serment prêté de ne déli-
vrer le dépôt qu'à celui qui l'a baillé.

Le commerce sait utiliser la sécurité qu'offre le
Temple. Dès le milieu du XIIIᵉ siècle, des marchands
de Londres confient des capitaux à la garde dans la
maison de l'ordre.

Les consignations s'opèrent surtout en vue du
paiement de pensions. Les cas sont nombreux où
des princes déposent au trésor des Templiers une
somme suffisante pour remplir pendant quelques
années leurs engagements au sujet des pensions (1).

La transmission d'argent se fait aisément. Les
établissements de l'ordre des Templiers, pour nous
en tenir à celui-ci, sont répandus dans tous les
pays d'Europe et de l'Orient latin. Mathieu Paris
fixe à neuf mille le nombre des manoirs qu'il possède

(1) L. DELISLE, travail cité, p. 10.

dans la chrétienté. Les communications sont d'autant plus faciles que des compagnies bien armées entreprennent continuellement des voyages.

Quand le transport de grosses sommes d'or et d'argent ne suffit pas, les correspondances et les jeux d'écriture permettent d'effectuer des payements sur des places étrangères (1). Les guerres saintes, qui entraînent d'énormes dépenses, suscitent un mouvement considérable dans les relations financières de l'Orient et de l'Occident. On peut affirmer que les chevaliers du Temple sont en même temps que les Hospitaliers les caissiers des croisades : ils se chargent des dépôts ; ils en répondent aux déposants (2).

_____

(1) L. DELISLE, travail cité, p. 20.

(2) H. LAVOIX, *Monnaies à légendes arabes frappées en Syrie par les croisés*, p. 19.

CHAPITRE X.

LA MONNAIE.

Henry Thomas Buckle s'est attaché à faire ressortir que les deux grands mobiles de l'humanité sont l'amour de la richesse et l'amour de la science. Le fait est que pour l'homme le plus désintéressé, les gigantesques entreprises inspirées par le premier de ces mobiles offrent un immense intérêt. De l'échange dans sa forme la plus simple aux opérations commerciales de notre époque, que d'efforts tentés ! Au troc primitif succède l'emploi des métaux à l'état de lingots pour leur valeur de poids : c'est le cas pour l'Égypte, où l'instrument ordinaire d'échange à l'intérieur est le cuivre, où les instruments ordinaires d'échange dans les transactions avec les Asiatiques sont l'or et l'argent transformés en anneaux d'un poids déterminé ; c'est le cas pour les autres civilisations et certainement pour la civilisation babylonienne, qui s'élève cependant à cette autre combinaison, la représentation fiduciaire des valeurs métalliques basée sur le crédit des négociants, en d'autres termes, le mandat de paiement.

Dans la Grèce asiatique fut appliquée l'idée de garantir les métaux d'échange ; ainsi apparut la monnaie. Les rois de Lydie, semble-t-il, ont frappé la première monnaie d'or à Phocée ; Phidon, roi d'Argos, a, paraît-il, frappé la première monnaie d'argent à Égine. « Dès le milieu du vɪᵉ siècle, dit Lenormant, il n'y avait pas un pays où les Grecs fussent établis dans lequel ils ne possédassent leur monnaie » (1). Peut-être bien que la marque garantissant la pureté et le poids des métaux avait un caractère religieux. Les temples auraient été, comme le dit Curtius, le berceau de la circulation monétaire (2).

Les Romains eurent des monnaies d'argent vers l'an 269 avant notre ère et des monnaies d'or vers l'an 207. Quand l'empire s'établit, Auguste se réserva la frappe de l'or et de l'argent ; il laissa au Sénat la frappe des monnaies de bronze.

A ce régime succéda le système monétaire basé sur l'argent, chez les peuples germaniques surtout ; en effet, si pendant une partie du haut moyen âge, les Barbares eurent l'étalon d'or, l'avènement des Carlovingiens amena l'adoption presque générale de l'étalon d'argent (3).

Mais l'empire byzantin conserva le système monétaire romain ; il le communiqua aux Arabes et même à l'Europe occidentale en ce sens que le « sou d'or », le *solidus aureus*, resta comme monnaie de compte chez la plupart des peuples germaniques.

Le phénomène de la réintroduction de la monnaie d'or dans les relations commerciales de l'Europe occidentale est très important. Il se place au XIIIᵉ siècle. Pour amener cette réintroduction, il fallait deux conditions. D'abord, le commerce étranger

---

(1) François Lenormant, *La monnaie dans l'antiquité*, t. I, p. 136.

(2) A. Espinas, *Les origines de la technologie*, pp. 60 et suivantes.

(3) A. Engel et R. Serrure, *Traité de numismatique du moyen age*, t. I, Introduction, p. xxxiii.

devait être assez étendu pour exiger un instrument de circulation d'une dénomination supérieure à l'argent ; ensuite, le commerce devait se développer dans une direction qui mît à contribution les régions se servant de l'or ou ayant des richesses aurifères, afin d'approvisionner les ateliers monétaires (1).

Les croisades amenèrent la réunion de ces conditions. Elles provoquèrent dans les républiques italiennes un immense mouvement d'affaires ; en même temps, elles mirent à leur disposition les métaux précieux. Dans le Levant circulaient en grande quantité les besants d'or des empereurs grecs et les *dinâr* des califes ; la monnaie d'or y était le véritable instrument d'échange ; outre l'accumulation du métal précieux qui s'était faite dans l'empire byzantin, celui-ci possédait les seuls pays aurifères de l'époque.

Dans l'histoire de la monnaie, le « florin » d'or de Florence mérite une mention spéciale. Il date, croit-on généralement, de 1252. Quelques années auparavant, le gouvernement sicilien de Frédéric II avait frappé l' « augustale ». Le florin d'or obtint une large circulation et plusieurs gouvernements l'imitèrent, notamment, en 1257, celui de Henri III d'Angleterre. A son tour, Venise qui, dans l'Orient latin, avait eu le monopole de la frappe de l'or et de l'argent, suivait l'exemple et instituait, en 1284, la frappe des *zecchinos* d'or. Les autres pays furent également amenés à employer le nouvel instrument monétaire. Il est à observer d'ailleurs que les données que nous possédons à ce sujet ne sont pas

(1) W.-A. SHAW, *Histoire de la monnaie*, 1252-1894. Traduction de l'anglais par A. RAFFALOVICH, pp. 4 et suivantes.

fort précises et que fréquemment le monnayage d'or
tarde à avoir une importance commerciale véritable.
Un seul point est à prendre en considération ;
M. Shaw le dit fort bien : « Ce n'est qu'un commerce développé et actif qui exige un instrument
d'échange aussi précieux ».

Le point de départ du règne du bimétallisme en
Europe est, à vrai dire, le xive siècle. Pendant
deux cents ans, les traits caractéristiques de la situation se résument en ceci : Période d'expansion
commerciale nécessitant un accroissement de monnaie et des prix en hausse ; période de production
stationnaire des métaux précieux nécessitant une
lutte entre les divers États pour la possession de
ces métaux ; fluctuations incessantes dans le rapport
entre l'or et l'argent exigeant une revision constante
du taux d'échange.

Rappelons combien est prépondérante, au moyen
âge, la notion que l'or et l'argent sont l'essence de
la richesse nationale. Il y aurait même un chapitre
à écrire sur la « mystique de l'or » (1). Il est une
autre considération : les recherches des alchimistes
tendant à la transmutation n'étaient, à l'origine,

(1) Dans l'*Arbre des batailles*, Honoré Bonet parle des couleurs
des armoiries. « Nous disons, écrit-il, que la couleur d'or est la plus
noble qui soit au monde. Et voici la raison, car l'or de sa propre
nature est clair et luisant, et est tant vertueux et réconfortant que
les médecins le baillent pour souverain réconfort à celui qui est
débilité jusqu'à la mort. Et si représente le soleil, lequel est très
noble corps, si nous avons considération à lumière, car la loi dit
qu'il n'est chose plus noble que clarté. Et pour cette excellence,
dit l'Écriture que les justes et les saintes personnes resplendissent
comme le soleil. Et aussi par cette haute nature, le fils de Dieu,
quand il se transfigura devant ses apôtres, montra sa très noble
face aussi luisante que le soleil. Et les lois anciennes ordonnaient
jadis que homme au monde ne portât or, sinon les princes. »

que des procédés pour préparer des alliages à bas titre, en d'autres termes, pour imiter et falsifier les métaux précieux ; plus tard, les alchimistes en sont arrivés à s'imaginer que l'on pouvait passer de l'imitation à la formation même, à l'aide surtout de formules et de pratiques magiques (1). Ainsi s'expliquent les autorisations, les véritables brevets, donnés par des rois à des alchimistes « dans l'intérêt même du royaume ».

Dans toute cette période de 1300 à 1500, deux grandes sources alimentent la provision d'or : le

(1) BERTHELOT, *La chimie au moyen âge*, t. I, p. 25. — *Archæologia*, t. XL, p. 338. — GOBET, *Les anciens minéralogistes du royaume*, t. I, *Recherches historiques*, p. IV.

Au moyen âge, les rois favorisent fréquemment l'alchimie. C'est le cas pour Édouard III, Henri VI et Édouard IV d'Angleterre ; c'est le cas pour certains rois de France, pour des princes allemands et italiens. Des lettres-patentes permettent à des particuliers d'employer les moyens qu'ils ont découvert « par art philosophique » de changer les métaux imparfaits en or et en argent parfait, ou de faire de l'or et de l'argent avec le mercure. Dans la *Turba philosophorum*, compilation attribuée à des philosophes alchimistes, il est dit qu' « il faut employer le cuivre pour obtenir l'argent, l'argent pour obtenir l'or, l'or pour la coquille d'or et la coquille d'or pour le safran d'or ».

Ibn Khaldoun, rappelons-le, nie la possibilité de la transmutation ; il cite notamment les paroles d'Ibn Sina : « La sagesse divine a voulu que les deux pierres (l'or et l'argent) fussent très rares parce qu'elles devaient s'employer pour représenter la valeur de ce que l'homme gagne par son travail et de tout ce qui fait ses richesses. Or, si on pouvait fabriquer ces deux métaux par un procédé artificiel, ils deviendraient si abondants que personne n'aurait de l'intérêt à les rechercher et le dessein de la Providence serait frustré ».

Il est une pensée d'Ibn Sina qui mérite d'être reproduite : « La nature, dit-il, dans ses opérations n'abandonne jamais la voie la plus courte pour prendre la plus longue et la plus difficile. Or, si le procédé artificiel était satisfaisant, comme les alchimistes le prétendent, la nature n'y aurait pas renoncé pour adopter celui dont elle se sert pour créer et former l'or et l'argent ».

commerce avec l'Orient et les découvertes sur les
côtes et à l'intérieur de l'Afrique. Les mines d'Allemagne et surtout celles de Hongrie, de Transyl-
vanie, de Saxe et de Bohême fournissent l'argent.
Au surplus, vers 1492, le total des deux métaux ne
dépasse pas 835 millions de francs de notre
monnaie.

Une nouvelle période s'ouvre dans l'histoire monétaire de l'Europe lors de la découverte du Nouveau
Monde. Elle est close vers 1660. Au début, la production métallique américaine fut modérée ; mais
elle augmenta à partir de 1520 ; au milieu du xviᵉ
siècle, la grande importation de métaux précieux
entraîna comme conséquences la diminution de leur
pouvoir d'achat, une hausse des prix sans exemple
et une instabilité dangereuse dans le système monétaire.

Le péril que devait amener l'état de choses nouveau fut atténué surtout par le fait que les progrès
de l'industrie nécessitaient l'emploi d'une plus grande
quantité de numéraire, et par cet autre fait qu'il fallait
d'autant plus de numéraire que sa valeur baissait
par son abondance (1). Il y eut un autre remède
au mal en ce qui concerne l'argent dont la production avait été considérable : l'excès, le surplus fut
porté vers l'Orient. Le courant d'argent vers l'Est
s'était manifesté dès l'origine du commerce européen ; cette fois, les découvertes maritimes avaient
déplacé le marché monétaire d'Italie ; seulement, elles
avaient eu pour conséquence d'élargir le cercle d'action des centres où il avait été transporté. Grâce

---

(1) BLANQUI, *Histoire de l'économie politique en Europe*, 3ᵉ édition, p. 328.

aux nombreux comptoirs, aux multiples colonies que
fondèrent successivement le Portugal, les Provinces-
Unies, l'Angleterre, la répartition se fit sans occa-
sionner trop de catastrophes. Un État paya les frais
de l'expérience : l'Espagne ; son rôle dans le système européen avait été de recevoir la richesse
métallique ; mais comme l'Espagne produisait peu et
fabriquait encore moins, il se fit que cette richesse
lui coula entre les doigts et qu'elle ne fit que la
distribuer aux autres nations, qui, elles, étaient
industrielles ou commerçantes.

Le droit de battre monnaie est essentiellement
l'attribut de la puissance souveraine ; c'est dire assez
qu'à mesure que celle-ci s'affaiblit dans l'Europe
occidentale, les usurpations apparaissent nombreuses.
Déjà en France, les Mérovingiens le délèguent ou
le laissent prendre à des comtes, à des évêques, à
des villes. Bien plus, comme le montre un écrivain,
les membres de l'ancienne corporation des monnaies,
dont la signature est la seule garantie officielle de
la monnaie, continuent à frapper à leur propre nom
et à leur bénéfice, d'après les types les plus divers (1).
Au VII⁰ siècle, on compte dans ce pays des centaines ou peut-être des milliers d'ateliers monétaires
n'offrant ni contrôle ni garantie. Dans toute l'Europe occidentale se présente une situation analogue ;
seigneurs, prélats, municipalités prétendent être abso-
lument indépendants en matière de monnayage.

Le travail du pouvoir central se devine ; il tendit
partout à recouvrer le droit monétaire exclusif.

(1) H. PIGEONNEAU, *Histoire du commerce de la France*, t. I,
p. 82.

L'idée prévalut dans la pratique, mais la lutte fut longue. La thèse des légistes était que les seigneurs tenaient leur droit de monnayage d'une concession de la couronne ; ils rattachaient même cette concession à une concession plus importante, celle des mines. Au siècle dernier, Gobet, résumant les théories gouvernementales, montrait que la propriété des mines de substance métallique était une des régales de la couronne, que c'était là le droit de toutes les nations de l'univers, et que sous Charlemagne avaient apparu les premières concessions faites à des particuliers : « En concédant les mines depuis cette date, je trouve, ajoutait-il, que les rois de France et les empereurs accordaient aussi le droit de frapper monnaie » (1). En réalité, dans son capitulaire de 805, Charlemagne avait prohibé tout atelier monétaire autre que l'atelier royal, mais ses successeurs n'avaient point su maintenir l'autorité souveraine et le mouvement avait continué à se produire dans une double voie, par une sorte de désagrégation naturelle et en vertu de concessions formelles (2).

Les autres pays présentent un pareil spectacle. Du reste, là comme en France reprend l'action incessante d'un gouvernement unitaire. En France notamment, le droit des seigneurs est successivement restreint. Au xiiie siècle la royauté s'attache à faire prévaloir la thèse que la monnaie des seigneurs ne peut avoir cours hors de leurs terres et que, là même, la monnaie du roi ne peut être exclue, rognée ou refondue. Une ordonnance du commencement du xive siècle prétend subordonner l'exercice

---

(1) GOBET, ouvrage cité, t. I, pp. 11 et suivantes.
(2) P. VIOLLET, *Histoire des institutions politiques et administratives de la France*. t. II, p. 333.

du droit des seigneurs à l'autorisation royale. Enfin,
en 1315, des lettres royales publient la liste des
vingt-neuf seigneurs qui paraissent conserver le droit
de battre monnaie, et déterminent la loi, le poids,
la marque et la valeur de leurs espèces (1). Quelle
que soit l'exécution qu'aient reçue ces lettres, une
politique est désormais suivie : l'extinction du privilège par le rachat.

En certains pays, la lutte entre la monnaie royale
et la monnaie des feudataires prend une forme particulière. C'est le cas pour le Danemark. La couronne
y est obligée à des concessions ; elle s'était réservé
exclusivement le monnayage du Jutland septen-
trional ; pour le duché de Slesvig, le droit de frappe
avait été octroyé à la ville de Slesvig moyennant
une redevance partagée entre le roi et l'évêque ;
l'archevêque de Lund et les évêques de Roskilde et
de Ribe avaient une part plus ou moins importante dans les bénéfices des grands ateliers monétaires de leurs diocèses. La tactique de la couronne
était d'établir des ateliers particuliers où seule la
couronne fut maîtresse, ou bien encore de faire
battre monnaie par ses maîtres monnayeurs, sans
avertir le monnayeur épiscopal, et d'écouler les monnaies royales avant même que les monnaies des
évêques fussent frappées (2).

La diversité des monnaies avait amené de bonne
heure la conclusion de conventions. Trois formes
étaient usitées comme nous l'avons déjà vu, l'admis-

---

(1) A. VUITRY. *Études sur le régime financier de la France avant
la Révolution de 1789*. Nouvelle série, *Philippe le Bel et ses trois
fils*, 1285-1328. *Les trois premiers Valois*, 1328-1380, t. II, p. 339.

(2) *Mémoires de la société royale des antiquaires du Nord*. Copen-
hague, 1886, p. 193.

sion réciproque sans change, la monnaie frappée
sur le même pied et ayant cours sans change, la
monnaie commune. Cela apparaît dès le x⁰ siècle (1).
Les conventions portent surtout sur la frappe à frais
et à profits communs ; les pièces ont l'indication de
leur double origine. Les alliances monétaires deviennent importantes au xiv⁰ siècle. Un projet mérite
d'être mentionné. Édouard III, qui en 1339 a pris
le titre de roi de France, traite avec les communes
flamandes, et convient qu'une monnaie d'or et d'argent de même poids et de même aloi sera faite en
France, en Flandre et en Brabant, et aura cours en
Angleterre. La question fut discutée au parlement
anglais en 1343. « Accordé est, lit-on, de faire une
monnoie d'or en Engleterre et en Flandre de tieu
pois, aloye et value comme sera ordeïgnez par le
roi en son conseil. Et que totes autres monnoies
d'or soient defendues en Engleterre et en Flandre
et soient portez à l'eschange en Angleterre et en
Frandre et illocques mises en billion ». Les mêmes
mesures sont votées en ce qui concerne la monnaie
d'argent (2).

Parmi les nombreuses conventions que nécessite
et que produit l'infinie variété des monnaies, les
unions monétaires des princes et des villes d'Allemagne doivent être signalées. En 1386, une union
comprit quatre princes électeurs et les trois villes
de Francfort, de Spire et de Worms, et régla le
monnayage commun de florins d'or.

La seconde moitié du xv⁰ siècle fut marquée par
d'intéressantes négociations entre Édouard IV, roi

---

(1) A. ENGEL et R. SERRURE, ouvrage cité, Introduction, p. XLI.
(2) E. NYS, *Les origines du droit international,* p. 289.

d'Angleterre, et Charles le Téméraire, duc de Bourgogne ; une conférence se tint à Bruges en vue d'étendre autant que possible la circulation du numéraire respectif et de supprimer le change. Les deux princes voulaient à la fois augmenter les bénéfices de leur monnayage et faciliter les transactions commerciales (1).

Les délégués eurent pour mission de fixer le rapport existant entre les systèmes monétaires anglais et flamand, d'équipoller la valeur coursable de toutes les monnaies circulant légalement dans les deux pays, et de rechercher, enfin, s'il était possible d'établir des livres de compte équivalentes d'après lesquelles se règleraient à l'avenir tous les marchés conclus soit en Angleterre, soit dans les Pays-Bas. Les officiers généraux des monnaies devaient prendre part aux réunions à titre consultatif.

La conférence aboutit, le 23 août 1469, à l'élaboration d'un projet de convention monétaire. Une unité de poids, commune aux deux pays, fut adoptée et un barème fut établi. La monnaie anglaise était à la monnaie de Flandre dans le rapport de 1 à 4, c'est-à-dire quatre fois plus forte. L'entente ne put s'établir en ce qui concernait l'établissement de livres de compte équivalentes. Le duc de Bourgogne proposa la libre entrée et la libre sortie de ses monnaies dans les possessions continentales et dans les états d' « ultra mare » du roi d'Angleterre, comme aussi la libre entrée et la libre sortie des monnaies anglaises dans les pays soumis à son pouvoir. Mais les délégués d'Édouard IV déclarèrent vouloir en référer au roi

(1) A. DE WITTE, *Conférence monétaire internationale tenue à Bruges en 1469.*

et à son conseil. La détermination du quantum de perte au poids occasionnée par le frai et qui devait faire déclarer billon une monnaie, fut aussi réservée de commun accord.

Deux autres conventions monétaires intervinrent entre les souverains des Pays-Bas et les rois d'Angleterre. La première date de 1499 ; son texte ne nous est pas parvenu, mais son existence est rappelée dans la convention de 1523.

La situation monétaire était trouble aux Pays-Bas ; un premier remède se trouvait dans la réduction des évaluations exagérées des ordonnances antérieures concernant les monnaies nationales ou étrangères, et ainsi se réunit à Calais une conférence de délégués belges et de délégués anglais ; la valeur en sterling des monnaies nouvellement émises par Charles-Quint fut fixée (1).

En 1529, Charles-Quint tenta une œuvre ‚plus importante. Une délibération du Conseil d'État le prouve ; elle fut donnée comme instruction à Jean Caulier, président du Conseil privé, au sujet de l'envoi de négociateurs en France. « Item diront au roi de France que, pour le bien commun des subjets et marchands de France, d'Angleterre et de par deçà et afin que les dits marchands puissent tant mieulx faire leur négociation, nous semble seroit bien et nécessaire de réformer le désordre des monnaies desdits royaumes et pays et les réduire et faire évaluer et forger sur un prix et pied, et que pour ce faire, il conviendrait que les généraux de monnoyes de chacun côté se assemblassent en quelque lieu pour ce convena-

(1) A. De Witte, *Notes touchant les relations monétaires entre la France et l'Angleterre jusqu'au* xvii* siècle, *dans la Revue de droit international et de législation comparée*, t. XXVI, p. 91.

ble et le plus tôt que faire se pourroit ». Mais le programme ne put être exécuté.

Nous avons indiqué déjà les traits caractéristiques de la période qui s'étend à partir du commencement du xive siècle jusqu'à la découverte du Nouveau Monde, traits qui se répètent avec une grande similitude dans la plupart des États européens. Ajoutons que des mesures brutales et peu scientifiques furent prises par les différents gouvernements. C'est ainsi qu'on constate la prohibition de l'exportation de l'or et de l'argent, la fixation par l'autorité du taux du change pour les pièces étrangères, la réduction de la valeur nominale des monnaies et les changements violents et soudains dans le rapport, la politique commerciale pour attirer à soi le stock d'or que possèdent les voisins (1).

Comme nous l'avons vu, l'Angleterre était outillée de façon spéciale pour atteindre le but. Le change des monnaies constituait une prérogative royale ; des fonctionnaires avaient pour mission d'empêcher la circulation de la monnaie étrangère et la sortie en grande quantité de l'or et de l'argent anglais. Fréquemment, les périls que courait la monnaie nationale étaient signalés. Tantôt ils provenaient des fraudes à l'intérieur ; des spéculateurs indélicats « rognaient » les monnaies : la loi pénale se chargeait de les châtier. Tantôt le danger était provoqué par les marchands étrangers ; au gouvernement de veiller. Regarnir la circulation devenait souvent l'objectif ; on en arriva à exiger que tout marchand exportant de la laine ou des peaux rapportât à la

(1) W.-A. SHAW, ouvrage cité, p. 12.

monnaie de Londres, dans le délai de six mois, une
once d'or par sac de laine et par quantité déterminée
de peaux ; pareille mesure fut prise en 1398 ; il est
vrai qu'au bout de quelques années la chambre des
communes demanda qu'on n'appliquât plus la mesure
qui chassait le négoce étranger. Notons en passant
ce dernier point : il nous ramène au droit constitu-
tionnel du pouvoir royal dans l'Angleterre du moyen
âge de suspendre l'application des lois, droit qui
trouvait sa justification pratique dans l'extrême
minutie de la plupart des statuts (1).

L'altération des monnaies, le *morbus numericus*,
comme on l'appela, est un des grands maux du
moyen âge. Elle apparaît dans la plupart des pays
et rares sont les gouvernements qui n'y ont point
recours ; mais l'acuité du mal n'est ni partout ni
toujours la même. Certaines époques de l'histoire
de France offrent surtout le spectacle d'une désastreuse politique.

Jusqu'au règne de Charles VII, le « seigneuriage »,
le bénéfice réalisé sur la fabrication des monnaies,
fut un des principaux revenus du domaine du roi
de France. L'idée surgit que lorsque le besoin de
l'État le demandait le roi pouvait non seulement
augmenter le « seigneuriage » et lever de plus
grosses sommes sur la fabrication de la monnaie,
mais affaiblir celle-ci, en diminuer la bonté. Altérer
les monnaies était devenu pour ainsi dire un droit
domanial. Selon le mot de Secousse, le pouvoir royal
tendait à faire considérer la mutation des monnaies

---

(1) Sir JOHN FORTESCUE, *The Governance of England*. A revised
text edited by CHARLES PLUMMER, p. 83, note 3.

comme une manière de lever des impôts plus prompte, plus facile et moins à charge du peuple que toutes les autres (1).

L'exemple royal était imité par la noblesse. A la fin du XIII⁰ siècle la situation était fâcheuse au point que les villes s'engageaient à payer de lourdes taxes pour obtenir de leurs suzerains le rétablissement de la monnaie forte (2).

En France, trois modes étaient employés dans l'altération de la monnaie. Nicole Oresme nous les fait connaître : « la mutacion de l'appellation », c'était le changement du cours légal, la modification du rapport légal établi entre la valeur de circulation des espèces monnayées et la valeur de la livre de compte ; « la mutacion du poids », c'était l'affaiblissement du poids ou du titre des espèces sans que leur cours fut proportionnellement diminué ; « la mutacion de la matière », c'était l'altération du titre (3).

Le gouvernement de Philippe le Bel eut surtout recours à l'altération des monnaies qui semblait devoir lui permettre de subvenir à la détresse des finances publiques. Dès 1293, on avait songé à l'expédient de la fausse monnaie ; en 1295 ont lieu les premières altérations. On en constate d'autres de 1302 à 1314. Ordre était donné de porter à l'hôtel des monnaies la vaisselle d'or et d'argent ; une monnaie inférieure à l'ancienne en poids ou en titre était fabriquée ; le fisc gardait la différence. Seulement, le

(1) *Ordonnances des rois de France*, t. III, Préface, p. CI.

(2) CH.-V. LANGLOIS, *Le règne de Philippe III le Hardi*, p. 358.

(3) A. VUITRY, *Études sur le régime financier de la France avant la Révolution de* 1789. Nouvelle série, t. II, p. 327.

bénéfice une fois réalisé aux dépens des sujets, le
roi commençait à perdre puisqu'on lui retournait sa
monnaie ; pour parer à l'inconvénient, le gouvernement croyait habile d'opérer alors en sens inverse :
au lieu de baisser la valeur de la monnaie, il la
haussait (1).

La fin du règne de Philippe de Valois fut marquée par une tentative d'un autre genre, celle d'attribuer à l'or et à l'argent des cours factices. Le
change était réservé à des changeurs « commis et
ordonnez à ce faire », et des précautions minutieuses
étaient imposées, dont l'observation était jurée par
les changeurs, les orfèvres, les courtiers, les marchands (2).

Au milieu du xive siècle, une politique tout aussi
néfaste que celle de Philippe le Bel prévalut : sous
le règne de Jean I, le taux monétaire fut remanié
plusieurs fois par an ; d'après un document officiel
de 1361, le changement était quelquefois si soudain
qu' « à grand' peine estoit homme qui en juste
payement des monnoyes de jour en jour se pût
connoître ».

Comme nous l'avons dit, la France ne fut point
seule à souffrir ; presque tous les pays se virent
atteints et l'étendue de mal se mesura aux plaintes
des populations et aux réclamations et aux objur-
gations des publicistes. Le grand remède se trouvait dans la limitation du pouvoir central, dans la
surveillance continue exercée par les gouvernés. Cer-

---

(1) J.-J. CLAMAGERAN, *Histoire de l'impôt en France*, t. I, p. 301.
(2) JOSEPH-NOËL DE WAILLY, *Recherches sur le système monétaire
de saint Louis*, dans les *Mémoires de l'Institut de France. Académie
des Inscriptions et Belles-Lettres*, t. XXI, p. 214?.

tains pays l'appliquèrent. Les républiques italiennes
eurent en général un loyal système monétaire ; l'Angleterre ne fut point trop exposée aux désastreuses
expériences ; en Hollande, dès le commencement
du xvᵉ siècle, Jacqueline de Bavière devait promettre
de ne faire aucun changement à la monnaie sans
l'assentiment des villes de Dordrecht, Leyde, Har-
lem et Delft. Faut-il rappeler que dans la déclara-
tion de l'Union d'Utrecht, les Provinces-Unies nées
à la liberté affirmèrent le droit des États Généraux
de surveiller et de vérifier la frappe monétaire des
provinces fédérées ?

Au sujet de la monnaie les auteurs du xiiiᵉ siècle
se contentent de paraphraser les théories qu'Aristote
avait développées dans la *Morale à Nicomaque* et
dans la *Politique* : c'est le cas pour Albert le Grand,
pour saint Thomas d'Aquin et pour Egidio Colonna.
Au commencement du xivᵉ siècle. Jean Buridan
traite de l'échange, de la monnaie et du prêt à intérêt, dans ses *Quæstiones in VIII libros Politicorum
Aristotelis*. En ce qui concerne la monnaie, il s'attache à prouver qu'elle est indispensable au sou-
tien de la vie humaine, en tirant argument de l'éloi-
gnement des lieux où existent les objets à échanger
et de la multiplicité des besoins, et en montrant le
rôle d'une matière échangeable de faible volume,
facile à transporter et de grande valeur (1). Il veut
également établir qu'une modification dans la monnaie n'est légitime qu'à la condition de tendre à
l'utilité publique.

(1) C. JOURDAIN, *Excursions historiques et philosophiques à travers
le moyen âge. Mémoire sur les commencements de l'économie politique dans les écoles du moyen âge*, p. 442.

La condamnation de l'altération des monnaies devait être prononcée par Nicole Oresme dans un traité célèbre ; mais déjà des contemporains d'Egidio Colonna et de Jean Buridan s'étaient exprimés avec énergie. Tel Pierre du Bois qui fut successivement au service de Philippe le Bel et d'Édouard Ier et qui, en des écrits adressés au roi de France, traita diverses questions de droit public, de droit ecclésiastique et de politique. Pierre du Bois blâma hautement l'altération des monnaies comme désastreuse ; il montra qu'elle ruinait les sujets et était néfaste pour le commerce avec l'étranger [1]. Un personnage de l'entourage du roi, l'Italien Musciato Guidi qui, nous l'avons vu déjà, fut le conseiller financier de Philippe le Bel, avait fait ressortir également combien la mesure était détestable et comment tout en causant plus de dommage au pays que ne ferait une guerre, elle devait profiter uniquement aux fermiers des monnaies [2].

Les mutations fréquentes des monnaies constituaient une cause de graves préoccupations ; la preuve en est fournie par une série de mémoires émanés soit des villes, soit des particuliers. Tous les mémoires déplorent les conséquences des mutations fréquentes qui venaient de se produire. L'auteur d'un des écrits, Pierre l'Auvergnat, représente que les petites gens n'ont pour ressources que le produit de leurs terres, de leurs vignes ou de leur travail corporel et n'en retirent pas une somme plus élevée que s'ils étaient

---

(1) E. BOUTARIC, *Les idées modernes chez un politique du* XIVe *siècle. Pierre du Bois*, dans la *Revue contemporaine*, deuxième série, t. XXXVIII, p. 432.

(2) C. JOURDAIN, ouvrage cité, p. 438.

soldés en forte monnaie, tandis qu'ils paient plus cher tout ce qu'ils sont obligés de tirer hors du royaume. Cette dernière conséquence, toute naturelle, inévitable même, est mise en lumière dans un mémoire de Pepe Bonaprise de Florence. Dix villes du midi vont jusqu'à déclarer que ce serait « œuvre du Saint-Esprit » que de revenir à la monnaie de saint Louis et de ne plus s'en écarter dorénavant (1).

Tous ces écrits sont surpassés par le traité que Nicole Oresme compose dans le dernier tiers du xive siècle. L'évêque de Lisieux émet sur la monnaie des idées justes ; il établit qu'elle ne doit pas être changée sans motif sérieux d'utilité publique ; il démontre qu'elle n'appartient pas au prince mais à la communauté et aux particuliers dont elle est la propriété (2). Le livre fut d'abord publié en latin sous le titre : *De origine, natura, jure et mutatione monetarum* et traduit plus tard par l'auteur lui-même sous le titre : *Traictié de l'origine, nature, droit et mutacion des monnoies*. Roscher, rappelons-le avec Wolowski, a signalé Oresme comme le plus grand économiste scolastique, « à cause de l'exactitude et de la clarté de ses idées et parce qu'il s'est affranchi nettement de la systématisation pseudo-théologique dans l'ensemble et de la déduction pseudo-philosophique dans les détails » (3).

Dans son traité *De regentis et boni principis offi-*

(1) JOSEPH-NOËL DE WAILLY, ouvrage cité, p. 212.

(2) C. JOURDAIN, ouvrage cité, p. 445.

(3) *Séances et travaux de l'Académie des sciences morales et politiques. Compte rendu*, t. LXII, L. WOLOWSKI, *Un grand économiste français au xive siècle*, p. 317. — *Traictié de la première invention des monnoies* de NICOLE ORESME. Texte français et latin. *Traité de la monnaie* de COPERNIC. Texte latin et traduction française. Publiés et annotés par L. WOLOWSKI.

ciis, Diomède Caraffa a combattu l'altération des monnaies, comme l'avait fait du reste dans ses écrits le juriste napolitain que nous avons mentionné déjà, André d'Isernia.

Dans un chapitre de son *Collectarium sententiarum*, Gabriel Biel traite de la monnaie en général. Qu'il s'appuie sur le travail de Nicole Oresme, le fait est apparent par l'emploi des mêmes divisions et des mêmes expressions.

Le commencement du xvi⁰ siècle voit paraître sur la question monétaire différents écrits. C'est le cas en Allemagne. Les deux branches de la famille ducale de Saxe, la branche Ernestine et la branche Albertine, possédaient en commun des mines d'argent ; des projets furent suggérés concernant la question monétaire ; un négociant de Nuremberg, Christophe Fuhrer prôna l'union de tous les États allemands intéressés dans la production de l'argent, et des brochures inspirées par les deux branches de la famille ducale de Saxe provoquèrent un certain mouvement de l'opinion.

Sur l'invitation du roi de Pologne Sigismond Ier, Nicolas Copernic écrivit le traité intitulé : *Monetæ cudendæ ratio*, dans lequel il s'attachait à justifier une réforme monétaire et à amener la répudiation d'une politique économique mauvaise que suivaient les villes de Dantzig, Elbing et Thorn (1).

La fin du xvi⁰ siècle vit de nouveau soulever le problème. L'Italie peut citer deux noms illustres. Gaspar Scaruffi publie, en 1582, un écrit dont le titre *L'Alitinonfo, per far ragione e concordanza d'oro*

---

(1) G. DE GREEF, *Essais sur la monnaie, le crédit et les banques*, Introduction, n⁰ XIV.

e d'argento est modifié plus tard et devient : *Discorso soprà la moneta e della vera proporzione tra l'oro e l'argento*. Bernard Davanzati publie, en 1588, un substantiel travail : *Lezione delle monete*. Pecchio caractérise Scaruffi et son livre en disant qu' « il conçut comme citoyen de l'Europe le projet d'une monnaie internationale, c'est-à-dire une réforme égale et générale pour toute l'Europe comme si elle n'avait formé qu'une seule monarchie ou une seule ville » (1). Pour l'exécution du plan, Scaruffi prônait la convocation d'une diète européenne où tous les souverains fussent représentés. Des œuvres, intéressantes surtout au point de vue historique, furent composées en Allemagne. Un publiciste, enfin, mérite d'être mentionné, Jean de Mariana. L'illustre membre de la compagnie de Jésus n'est pas seulement un grand historien, un profond penseur, il se montre en plusieurs points un sage économiste. Dans sa *De monetæ mutatione disputatio*, il s'élève avec force contre la malfaisante administration de Philippe III d'Espagne qui avait fait frapper une nouvelle monnaie de billon valant beaucoup moins que l'ancienne. Mariana insiste sur les droits du peuple vis-à-vis de la puissance royale ; il rappelle que le prince n'est nullement le maître de ses sujets et qu'il ne peut leur imposer des taxes sans l'assentiment de leurs mandataires ; la monnaie, selon lui, doit être fixe comme les poids et les mesures si l'on ne veut pas jeter le trouble dans les transactions ; il suggère des remèdes aux embarras financiers, la

(1) *Histoire de l'économie politique en Italie, ou abrégé critique des économistes italiens, précédée d'une introduction*, par le comte JOSEPH PECCHIO. Traduit de l'italien par LÉONARD GALLOIS, p. 60.

réduction des dépenses, la renonciation aux expéditions guerrières et à la politique belliqueuse, la surveillance étroite sur la gestion des fonctionnaires (5).

---

(1) PASCAL DUPRAT, *Un Jésuite économiste* dans le *Journal des économistes*, troisième série, t. XVII, pp. 85 et suivantes.

CHAPITRE XI.

L'IMPÔT, LE TRÉSOR ET L'EMPRUNT.

« Les peuples, dit un économiste, se sont transmis leurs systèmes fiscaux comme leurs religions, leurs langues, les éléments de leurs sciences ; ils les ont appropriés aux milieux dans lesquels ces systèmes devaient fonctionner » (1). Qu'on songe, en effet, aux anciennes civilisations. Dans les grandes monarchies qui se sont succédé dans les vallées de l'Euphrate et du Tigre, le peuple dominant contribue par des dons volontaires convertis peu à peu en capitation ; les peuples soumis payent le tribut en nature ou en argent, marque de la subordination, et la dîme, concours au maintien de l'empire. Dans la vieille Égypte, l'impôt foncier prend la forme de la dîme. Si la race sémitique pure a été toujours réfractaire à l'impôt, Phéniciens et Carthaginois, les « grands financiers de la civilisation antique » doivent avoir organisé d'ingénieux systèmes dont l'histoire malheureusement n'a point conservé le souvenir. Les Perses insistèrent surtout sur le paiement de la capitation en métaux précieux remplaçant le don volontaire. L'organisation fiscale de l'Égypte eut une notable influence sur l'organisation fiscale de l'Em-

(1) E. FOURNIER DE FLAIX, *L'impôt dans les diverses civilisations*, Première série, t. I, Introduction, p. III.

pire romain (1). A son tour, Rome a exercé par ses
institutions fiscales une action prolongée à travers
les siècles, tout autant que par l'extension qu'elle a
donnée à la propriété foncière et par la propagation
de sa notion du droit de propriété (2).

Le problème même de la légitimité de l'impôt a
été examiné par les écrivains du moyen âge. La
plupart prennent comme point de départ la conception patrimoniale ; le prince doit subvenir par ses
propres ressources aux besoins de son administration ; ils ne reconnaissent le droit d'établir des taxes
que lorsque les revenus des domaines, accrus des
droits féodaux, ne sont pas suffisants pour les nécessités du gouvernement. C'est la face morale plutôt
que la face économique qu'ils envisagent : en aucun
cas, les souverains ne peuvent lever des contributions
pour satisfaire leurs fantaisies ou pour s'enrichir.

C'est notamment la doctrine de saint Thomas
d'Aquin. Si on examine les faits politiques, on constate qu'au xvᵉ siècle encore, les rois d'Angleterre
prennent l'engagement de vivre, comme ils disent,
de leurs propres ressources et de ne recourir aux
impositions que dans les cas d'urgent besoin.
Édouard IV développe un semblable programme en
1467. Sir John Fortescue enseigne que les revenus
du souverain doivent lui permettre de subvenir aux
charges du royaume et qu'il faut dans la mesure du
possible rendre ses domaines inaliénables, mais
il ajoute que dans le cas de pénurie les sujets
lui doivent aide et assistance. A cela se rattachent,
dans la même Angleterre, les tentatives faites pour

(1) E. FOURNIER DE FLAIX, ouvrage cité, Première série, t. I, pp. 5
et suivantes.
(2) *Ibid.*, p. 148.

limiter le droit de la couronne d'aliéner ses biens ;
plusieurs statuts du xvᵉ siècle n'ont d'autre but que
d'annuler les donations et les concessions de terres
déjà faites par les rois et d'empêcher de nouvelles
donations et de nouvelles concessions. Ainsi s'expliquent, en d'autres pays, les dissertations des juristes
touchant l'aliénabilité des biens du fisc et des biens
patrimoniaux. André d'Isernia, pour le rappeler en
passant, avait soutenu que les rois de Naples pouvaient vendre et donner les domaines de la couronne, s'insurgeant ainsi, comme il le reconnaissait,
contre l'opinion généralement admise. Faut-il rappeler qu'actuellement encore, en droit public anglais,
l'ensemble du produit des impôts, à l'exception de
ceux qui sont perçus pour faire face aux dépenses
locales, revêt le caractère d'une subvention accordée
à la couronne ? « Telle est, dit Rogers, la théorie
légale et traditionnelle depuis les temps anciens où
les impôts n'étaient qu'un supplément aux revenus
ordinaires du domaine de la couronne ; cette théorie
domine toute l'histoire sociale de l'Angleterre » (1).
Au xvᵉ siècle, un écrivain italien défend la légitimité de l'impôt en invoquant la sécurité et la
justice que le gouvernement fait régner. C'est Matteo
Palmieri, qui, dans son traité *Della vita civile*, fait
valoir que le citoyen doit l'impôt en proportion du
fruit qu'il retire de son industrie, de sa profession,
de ses biens (2).

Un certain nombre de publicistes critiquent une
pratique suivie en plusieurs pays, le prince faisant
le commerce. Les princes musulmans se livraient

(1) James E. Thorold Rogers, ouvrage cité, p. 110.
(2) G. Ricca-Salerno, *Storia delle dottrine finanziere in Italia*,
pp. 37 et suivantes.

fréquemment au négoce et nous avons vu comment
Ibn Khaldoun blâmait semblable expédient financier.
Diomède Caraffa s'élève à son tour contre la politique des rois napolitains ; il la montre contraire à
la fois à la dignité du souverain et à ses véritables
intérêts ; il rappelle que la richesse des sujets est le
fondement de la richesse du prince et que le négoce
fait par celui-ci nuit nécessairement au négoce de
ses administrés. Encore au commencement du
XVII⁰ siècle, Thomas Campanella base sur le
commerce du gouvernement le plan financier qu'il
développe pour le royaume de Naples. S'occupant de
l'Angleterre médiévale, Rogers observe que le roi
faisait exploiter ses domaines, à l'exemple des autres
seigneurs, par l'intermédiaire d'intendants et qu'ainsi,
comme producteur de laine, de bétail et de céréales,
il était autant que ses sujets intéressé au maintien
de la paix. Dans plusieurs pays, les gouvernements
se réservaient le monopole de maints articles. C'est
le cas pour le royaume de Sicile sous Frédéric II,
en ce qui concerne la vente du sel, du fer, de l'acier,
de la soie. Ce monopole est réglé de façon à ne
pas gêner l'essor de la fabrication, sauf pour les
machines de guerre et pour les chevaux de remonte
qui se trouvent sous le régime prohibitif absolu.
Les rois d'Écosse envoient leurs navires aux Pays-
Bas, où se vendent les laines et les peaux, produits
de leurs troupeaux. Le roi de Portugal a son « facteur » à Bruges d'abord, à Anvers ensuite, pour la
vente des épices de l'Inde.

La formation d'un trésor est souvent suggérée et
prônée. Diomède Caraffa s'en montre partisan décidé.
Vers la même époque, l'auteur de l'*Instruction d'un*

jeune prince, qui, semble-t-il, est Ghillebert de Lannoy, défend l'idée et enseigne la façon de la réaliser.
Il y a, selon lui, deux manières pour « venir à trésor ». « L'une, dit-il, est de se conduire par règle,
ordonnance et honorable esparaing, faire valoir ses
domaines, comme moulins, estangs, rivières, ports
de mer, digues et choses semblabes sans à nul faire
tort et sur toutes choses soy garder d'emprendre
guerre, si ce n'est par l'avis des estats de ses pays,
car guerre est un gouffre qui destruit et consomme
toutes finances. » La seconde manière est blâmable :
elle consiste notamment dans les impôts et dans
l' « empirance » de la monnaie. L'écrivain la décon-
seille et rappelle que, selon l'Écriture, « le châtiment
frappe la descendance du mauvais prince jusque
dans la troisième génération » (1).

Au XVIᵉ siècle, Sabba da Castiglione loue vivement,
dans ses *Ricordi*, la constitution d'un trésor qui
permet de faire la guerre sans devoir demander les
ressources à des mesures brutales et violentes. Scipion Ammirato expose les mêmes idées dans ses
Discorsi soprà Cornelio Tacito ; il prône surtout
l'idée de réunir le produit des amendes, des confiscations, des successions vacantes. Ainsi se prononce
Lelio Zecchi dans ses *Politica*. La maxime que l'argent est le nerf de la guerre, *Pecunia nervus belli*,
avait été remise en honneur. On aimait à faire ressortir, en Italie surtout, l'importance de la richesse
pour les princes ; on citait le mot de Jacques Trivulce
à François Iᵉʳ l'interrogeant sur ce qu'il fallait pour
faire la guerre en Italie : « De l'argent, de l'argent,

---

(1) *Œuvres de Ghillebert de Lannoy, voyageur, diplomate et
moraliste.* Recueillies et publiées par C. POTVIN, p. 394.

de l'argent » « *Denaro, denaro e denaro* ». Machiavel, partisan des milices avec obligation de long service, adversaire des troupes à solde, était presque
seul de son avis quand, dans ses *Discours sur Tite-
Live,* il s'élevait contre le cri général et disait que
les bonnes troupes font trouver de l'or, mais que
l'or ne fait pas trouver les bonnes troupes.

La formation d'un trésor avait été la grande
préoccupation des princes et des ministres musulmans. Le *Siasset namèh* « traité du gouvernement » a été composé au xi⁰ siècle par Abou Aly
Hassan, qui fut pendant trente ans le premier minis-
tre du sultan seldjoucide Alp Arslan et de son fils
Melikchâh, dont l'empire s'étendit des bords de la
Méditerranée aux rives du Sihoun. Le livre s'occupe
des finances ; on y voit que les rois avaient deux
trésors dont l'un devait rester intact tandis que
l'autre fournissait les ressources nécessaires à l'administration ; la plus grande partie des revenus était
versée dans le premier et on ne prélevait rien sur
les sommes qui y étaient renfermées, si ce n'est à
titre de prêt et en ayant soin de remplacer au plus
tôt ce que l'on avait pris. Dans ses *Prolégomènes
historiques,* Ibn Khaldoun cite avec complaisance les
historiens de l'Espagne et les récits que faisaient
les écrivains arabes au sujet des richesses fabu-
leuses que de grands souverains musulmans avaient
accumulées.

Si l'on veut prendre des exemples en Europe
même, on observe qu'en 1488 il y avait dans le
trésor royal d'Écosse dix chaînes en or, dont plusieurs valaient plus de 1,500 livres et qui, dans les
moments de détresse, servaient à frapper de la monnaie. Des princes s'ingéniaient à former des collec-

tions de pierres précieuses et de bijoux qui offraient l'immense avantage de pouvoir servir de gage pour les créanciers défiants. Les exemples de pareils engagements abondent ; pour ne citer que l'Angle-terre, on constate que durant le xvᵉ siècle les joyaux de la couronne sont fréquemment donnés en sûreté, quand il s'agit de pourvoir aux frais des guerres en France ; la couronne elle-même est remise aux créan-ciers et il faut la dégager lors du couronnement de Henri VI comme roi de France. Nous avons vu que les publicistes de la Renaissance ne cessent d'ex-horter les princes à former un trésor. Quelques souverains suivent l'avis ; tel le duc de Milan Galéas-Marie Sforza, tel le roi d'Angleterre Henri VII, tel le pape Jules II : on célèbre leur esprit de pré-voyance ; on loue leur génie politique ; mais les économes, les thésauriseurs forment l'exception.

L'historique des emprunts faits par les princes et par les gouvernements dans les premiers temps de la notion du crédit offre quelque utilité quand on songe au système financier qui ne doit pas tarder à se former et où se manifeste la solidarité natio-nale, système financier qui trouve sa meilleure expres-sion dans les Provinces-Unies, au début du xviiᵉ siècle.

L'emprunt forcé est pratiqué à Venise dès la fin du xiiᵉ siècle ; de 1171 date la première application connue. Les odieuses mesures prises par l'empereur grec à l'égard des Vénitiens habitant Constantinople et la Romanie décidèrent la république à faire des préparatifs de guerre. L'emprunt forcé fut décrété ; des inquisiteurs eurent mission de prélever un tantième sur les fortunes ; l'État servait un intérêt de 4 pour cent tous les six mois. La chambre des prêts, *camera degli imprestiti*, fut instituée pour recueillir l'argent et payer les intérêts. Les titres remis aux créanciers pouvaient se négocier, et le remboursement s'en opérait au moyen d'amortissements réguliers (1).

Frédéric II avait fréquemment recours aux ressources extraordinaires de l'emprunt. Des indications exactes montrent que, dans la courte période du mois de septembre 1239 au mois de mars 1240, ses emprunts s'élevèrent à près de 25,000 onces d'or, représentant une valeur intrinsèque de plus d'un million et demi de francs. Le chiffre permet de juger de l'ensemble considérable qu'ils offraient dans les dernières années du règne, quand éclatèrent les luttes violentes entre l'empereur et le pape. C'est alors qu'en moins de sept années Innocent IV dépensa 200,000 marcs d'argent, obtenus en majeure partie au moyen d'onéreuses opérations.

Saint Louis fait différents emprunts en vue de ses expéditions contre les infidèles ; dans certaines occasions, il envoie dans quelque ville d'Orient et plus spécialement à Saint-Jean-d'Acre l'autorisation d'emprunter en son nom ; les grands maîtres des ordres militaires du Temple et de l'Hôpital se chargent de procurer les prêteurs et c'est à Paris que s'opère le remboursement des sommes dont le roi a autorisé l'emprunt, sur la présentation à la fois des lettres d'autorisation ou de leurs copies authentiques et du reçu délivré par le patriarche de Jérusalem et par les grands maîtres. Des emprunts sont contractés également avec les associations de marchands

(1) J. ARMINGAUD, *Venise et le Bas-Empire*, dans les *Archives des missions scientifiques*, douxième série, t. IV, p 398.

italiens, et une ordonnance de 1270 décrète un emprunt de 100,000 livres tournois pour la croisade qui aboutit au désastre de Tunis (1).

Ce qui au moyen âge ajoutait au poids de tout emprunt, c'était que le contrat se faisait pour un temps très limité ; même à l'époque des grandes opérations de change, le délai était souvent de quelques mois à peine ; or, les renouvellements coûtaient cher.

Il nous faut rappeler qu'assez longtemps l'intérêt est caché avec soin ; on veut soustraire les contractants à tout reproche d'usure. Comme nous l'avons dit, tantôt les intérêts sont comptés avec le capital fourni ; tantôt l'engagement est pris de payer les frais qu'occasionnera le retard dans le payement à l'échéance. Quand les intérêts sont prévus, il est expressément ajouté qu'ils sont octroyés par libéralité et par faveur.

En France apparaissent des tentatives pour intéresser le pays aux emprunts, pour baser le crédit sur la solidarité des gouvernants et des gouvernés. De timides appels sont faits, vers la fin du xiiie siècle, sous le règne de Philippe le Hardi ; des adhésions, des souscriptions sont recueillies ; mais trente-cinq années plus tard, quelques-uns des prêts ne sont pas encore remboursés. Ces premières opérations se font dans les domaines du roi. Au delà, chez les grands vassaux, puis dans les villes flamandes, se font également des emprunts pour la couronne (2). Philippe le Bel emprunte aux marchands italiens

---

(1) G. SERVOIS, *Emprunts de saint Louis en Palestine et en Afrique*, dans la *Bibliothèque de l'École des chartes*, quatrième série, t. IV, pp. 117 et suivantes.

(2) CH.-V. LANGLOIS, *Le règne de Philippe III le Hardi*, ch. V.

et à ses sujets. Dans certaines localités de ses États, on le voit choisir des hommes de bonne volonté qui, sous serment, font l'estimation de la fortune de leurs concitoyens et fixent les sommes auxquelles on peut les taxer (1).

Vers le milieu du XIVᵉ siècle, les sujets prennent leurs précautions. De 1350 à 1358, les chartes de quelques villes contiennent la mention que le roi ne pourra pas obliger les habitants à lui faire des prêts (2). ·

Du reste, le gouvernement ne se montrait guère d'une exactitude rigoureuse à remplir ses engagements. Le résultat fut ce qu'il devait être ; les prêteurs devinrent défiants et exigèrent garanties et cautions. « On ne saurait le croire, dit un écrivain, s'il n'y avait un document officiel : en juillet 1371, pour décider quelques marchands d'Avignon à prêter au roi 100,000 livres, il fallut que des princes du sang, de grands personnages de la cour, des conseillers et des officiers royaux et même des bourgeois de Paris, tous au nombre de vingt-deux, s'obligeassent envers les prêteurs au remboursement de la somme prêtée (3) ».

Parfois l'héritier du trône contractait l'engagement en même temps que le souverain. Affaire d'éviter toute contestation. Il ne faut pas oublier que, même au XVIIIᵉ siècle, les juristes n'étaient nullement d'accord sur la question de savoir si un prince était tenu des dettes de son prédécesseur.

---

(1) E. BOUTARIC, *La France sous Philippe le Bel*, p. 297.

(2) A. VUITRY, *Études sur le régime financier de la France avant la révolution de 1789.* Nouvelle série, *Philippe le Bel et ses trois fils*, 1285-1328. *Les trois premiers Valois*, 1328-1380. t. II, p 113.

(3) *Ibid.*, t. II, p. 215.

Les rois d'Angleterre luttent continuellement contre les difficultés financières ; ils ont recours aux
benevolences que leur font les marchands anglais et
les marchands étrangers établis en Angleterre. Ils
donnent toutes les sûretés qu'on leur demande ;
Édouard III accorde à la firme florentine des Bardi
toutes les douanes du royaume pour une année, lorsqu'elle entreprend de lui fournir chaque mois une
somme de 1,000 marcs. Au demeurant ils se
dérobent sans vergogne au paiement de leurs dettes.
Nous avons vu comment Édouard III agit à l'égard
des Peruzzi. Les *benevolences* apparaissent encore
sous Henri V avec leur caractère de don volontaire ; il est affirmé dans les actes qu'on ne peut
les « exiger ». Sous Henri VIII, l'exaction se cache
sous la formule trompeuse d'*amiable grant* (1). Avec
Édouard VI s'introduit une pratique nouvelle ; le
gouvernement contracte ses emprunts sur le continent et surtout à Anvers. Les prêteurs exigent la
garantie du conseil privé et de la cité de Londres,
parfois aussi celle de la gilde des *Merchant adven-
turers*.

Les villes étaient des garants très sûrs ; aussi
leurs maires et leurs bourgeois s'obligeaient-ils fréquemment pour les princes, renonçant à tous leurs
droits et à tous leurs privilèges, contractant des
engagements très étendus. Elles étaient, ne l'oublions
pas, autant de corporations des obligations desquelles
les membres répondaient en leur personne et en leurs
biens. La formule de garantie qu'employait la cité
de Londres décrit la responsabilité assumée : le

---

(1) Sir John Sinclair, *The history of the public revenue of the
British Empire*, London, 1785, t. II, p. 34.

maire et la communauté de la cité s'obligent con-
jointement et solidairement, engageant leurs personnes, leurs possessions, leurs biens présents et à
venir, leurs meubles et immeubles, et renonçant
d'avance à invoquer n'importe quel moyen et n'importe quel privilège. Ce n'était point là une simple formule. Encore en 1612, la république de Gênes
fit saisir un bourgeois de Londres, la cité ayant
garanti une grosse dette de la couronne envers un
Génois (1). Les rois anglais recourent fréquemment
à la cité de Londres ; sous Jacques Ier la pratique
est usuelle ; la cité exige des garanties ; le gage
est tantôt fourni par les recettes de la douane, tantôt
par les *Carrick goods*, c'est-à-dire par le butin fait
sur les caraques de l'Espagne et du Portugal. La
couronne donne ainsi comme sûreté sa part dans les
prises faites par les corsaires anglais qui organisent
leurs expéditions comme de véritables entreprises
commerciales, réunissent les capitaux nécessaires et
distribuent les dividendes, après avoir défalqué ce
que le droit maritime attribue au pouvoir royal.
Charles Ier use d'un procédé indélicat ; en juillet
1640, au milieu des difficultés créées surtout par sa
campagne sur la frontière d'Écosse, se voyant refuser
tout crédit, il fait saisir tous les lingots d'or et d'argent que les marchands étrangers ont envoyés à la
Tour de Londres pour les convertir en monnaie ; il
finit par en restituer les deux tiers et par s'attribuer
le tiers restant à titre d'emprunt.

Une des formes assumées par l'emprunt était la

---

(1) R. EHRENBERG, *Das Zeitalter der Fugger. Geldkapital und
Creditverkehr im 16. Jahrhundert.* T. I, *Die Geldmächte des 16.
Jahrhunderts,* p. 19.

rente, tantôt viagère, tantôt perpétuelle. Les admi-
nistrations, les gouvernements s'engageaient à la
payer moyennant le versement d'un capital déterminé.
La combinaison apparut d'assez bonne heure et, au
début du xv⁰ siècle, le Saint-Siège en admit la légitimité moyennant certaines conditions. Dans les
Pays-Bas, les rentes étaient très usitées : les États
des provinces, les magistrats des villes y avaient
recours. En Castille, les prêts de rente étaient basés
sur des revenus déterminés et non pas sur tout le
pays ; ils formaient un système financier régulier ;
ils faisaient l'objet d'un commerce. En France, à
partir de 1522, les emprunts du gouvernement
prirent la forme de rentes perpétuelles payables à
l'hôtel de ville de Paris. Les bourgeois d'autres
villes, comme Orléans, Troyes, Toulouse, Rouen, se
chargeaient également de fournir de l'argent au roi.
Quand l'État voulait obtenir semblables prêts, il
proposait aux autorités municipales de leur concéder
une rente en échange du capital fixé ; il engageait
les revenus et les produits de certaines aides, gabelles et impositions ; la ville acceptait à la condition
de constituer des rentes à ceux qui baillaient tout
ou partie de la somme, généralement au prix de
100 livres de rente pour 1,200 livres baillées comp-
tant (1).

Un essai, qui mérite d'être mentionné, fut tenté
aux États Généraux de 1558 en vue de contracter un
emprunt de 3,000,000 d'écus d'or. Le cardinal de
Sens fit connaître aux députés des villes que, pour
ne pas faire peser la lourde charge sur le peuple, le
roi voulait « trouver trois mille personnes de son

---

(1) VÜHRER, *Histoire de la dette publique en France*, t. I, p. 19.

royaume qui lui prêtassent chacune mille écus ». Le
clergé en avait offert mille qui prêteraient chacune
cette somme ; il s'agissait de trouver deux mille personnes disposées à offrir deux millions. Les conditions
étaient fixées : les prêteurs obtiendraient les intérêts
au denier douze, c'est-à-dire 8 1/3 pour cent. Le roi
faisait au surplus des promesses : il s'engageait à
diminuer les tailles et à supprimer certains impôts.
La proposition ne fut pas accueillie avec faveur ; les
députés se montrèrent embarrassés. En dernier résultat,
une résolution différente prévalut dans le Conseil
privé ; il fut décidé que les députés seraient dis-
pensés de dresser des listes nominatives, mais que
chaque ville serait chargée de trouver une certaine
somme en demeurant libre de la répartir (1).

L'Italie avait imaginé le mode facile de la constitution d'un « mont ». On appelait ainsi la formation
en une masse de capitaux réunis dans le but de faire
des prêts. Déjà au xiiie et au xive siècle, l'institution fonctionnait ; pour rassurer le prêteur et éviter
l'accusation d'usure, il était stipulé que la rente était
payée gracieusement et acceptée comme une pure
libéralité. L'application était fréquente. La Rome
papale surtout créa de nombreux « monts » dont
les parts, les *luoghi*, étaient forts recherchées. L'intérêt était élevé ; mais la « rédimibilité » aidant,
l'autorité le réduisait : on le voit ramené successivement de 10 pour cent à 4 pour cent et finir par
n'être en réalité que de 3 pour cent.

Il est superflu de dire que le taux des emprunts

_____

(1) G. PICOT, *Histoire des États Généraux*, t. II, p. 5.

publics était souvent très élevé. Les délais étaient
généralement courts ; calculés à l'année, les intérêts
auraient atteint fréquemment 25 ou 30 pour cent,
même davantage. Au milieu du xvi⁰ siècle, un agent
du gouvernement anglais, William Dansell, faisait
à Anvers des emprunts à 13 et à 14 pour cent ; il
s'en félicitait et rappelait volontiers que Charles-
Quint payait 15 pour cent à ses propres sujets.
L'intérêt à 12 pour cent devint normal. Sous le
règne d'Élisabeth, sir Thomas Gresham, qui se
montrait très exact aux échéances, obtint de l'argent
à Anvers à raison de 10 pour cent.

Au surplus, il est une considération qu'on ne peut
perdre de vue ; en règle générale, les gouvernements ne faisaient pas honneur à leurs engagements.
Presque tous étaient engagés dans de funestes guerres
qui dévoraient emprunt sur emprunt. Un écrivain
rappelle qu'en France la banqueroute était pour ainsi
dire à l'état chronique. « On cite, dit-il, comme
exceptionnelles les époques où elle a eu lieu sur une
vaste échelle, 1648, 1716 et 1720, 1770. On pourrait également citer comme exceptionnelles les époques où les payements se firent avec régularité. L'état
ordinaire, c'était la suspension plus ou moins longue
et la réduction plus ou moins forte du service de
la dette » (1). Ce n'était là que la répétition de faits
qui s'étaient succédé durant tout le xvi⁰ siècle.

Les autres pays n'étaient nullement plus heureux,
sauf l'Angleterre, qui refit ses forces financières sous
Élisabeth, et sauf les Provinces-Unies, où les hommes
dirigeants apportèrent à la gestion publique la ponc-

(1) J.-J. CLAMAGERAN, *Histoire de l'impôt en France*, t. I, p. LXXXV.

tualité et la loyauté du bon négociant. Aussi les catastrophes ne tardèrent pas. Elles se produisirent en Espagne sous le règne de Philippe II : le gouvernement manqua à ses engagements. Elles se produisirent également en Portugal.

A trois reprises, le gouvernement de Philippe II répudia ses engagements. La première fois ce fut en 1556 ; les créanciers de l'État touchaient de 10 à 14 pour cent ; l'administration commença par révoquer toute consignation faite, en vue de garantir les emprunts, sur les revenus de l'État, et offrit de servir une rente annuelle de 5 pour cent. Vingt ans plus tard une crise plus forte encore éclata. De nouveau, le gouvernement royal refusa de payer ce qu'il devait et eut recours aux mesures les plus arbitraires, mettant même saisie-arrêt sur l'or et sur l'argent venant des Indes, or et argent sur lequel des maisons de banque avaient prêté. En 1595, Philippe II fit pour la troisième fois banqueroute. Le Portugal ne se montra guère plus loyal. C'était en 1557, avant la réunion à l'Espagne. Un détail ne manque pas de piquant. Quand le roi de Portugal réduisit ses payements, il invoqua les scrupules de sa conscience et les exhortations des théologiens qui lui reprochaient comme de l'usure le payement d'un intérêt de plus de 5 pour cent.

CHAPITRE XII.

LES INSTITUTIONS DU DROIT COMMERCIAL. — LA LETTRE DE CHANGE ET LA COMMANDE.

L'Italie du moyen âge a contribué pour une large part à la formation et au perfectionnement d'un certain nombre d'institutions juridiques. Elle a adopté plusieurs espèces de sociétés ; elle a multiplié les conventions maritimes ; elle a constitué les assurances sur des bases pratiques, cessant de les employer comme des stipulations accessoires à d'autres contrats ; elle a créé la lettre de change ; par des combinaisons nouvelles elle a entouré les transactions commerciales de garanties et de sanctions ; à une époque où le mode préféré de poursuite sur les biens était la saisie isolée et indépendante de chaque créancier, mode d'origine germanique, elle s'est rattachée à la notion romaine de faillite procédant de l'idée primitive que le débiteur répond strictement sur sa personne (1). En tout cela, le génie des affaires a été aidé par l'esprit juridique. Il est même une remarque à faire, c'est que, pour la plupart, les grands interprètes du droit commercial, les jurisconsultes capables d'embrasser à la fois les principes et leurs conséquences, les progrès à réaliser et les méthodes qui font aboutir, ont été des Italiens ou des Juifs.

(1) E THALLER, *Des faillites en droit comparé*, t. I, p. 56.

L'examen approfondi de ces matières diverses dépasserait le cadre d'études consacrées à l'économie politique ; il n'est pas cependant sans intérêt de montrer comment l'instrument important de la lettre de change s'est développé et comment une forme commode de la société s'est propagée au delà même de l'Italie.

Déjà dans la civilisation que nous révèlent les documents assyriens du IXe au VIIe siècle avant notre ère se développaient des moyens de représentation fiduciaire des valeurs métalliques et spécialement le mandat de payement tiré d'un lieu dans un autre (1). Un illustre écrivain a montré, d'autre part, dans les relations que les publicains, ces banquiers du monde romain, entretenaient sur toutes les places de l'empire, un moyen sûr pour procurer le payement d'argent à l'étranger (2). Toutefois, la lettre de change n'apparut qu'à l'époque du grand mouvement d'affaires qui se produisit dans l'Italie médiévale. L'origine semble devoir être cherchée dans la pratique des marchands florentins ; dans tous les cas, la thèse qui attribuait l'invention aux Génois est abandonnée. Les premiers documents connus datent du XIIe siècle et l'obligation se manifeste sous des types divers : billet à ordre, billet de change ferme, billet de change aléatoire, billet sur place précise, sur place de débarquement, à terme fixe, à terme variable. Comme le dit un auteur, dans sa forme primitive le contrat de change, *contractus permu-*

---

(1) François Lenormant, *Histoire ancienne de l'Orient jusqu'aux guerres médiques*, continuée par Ernest Babelon, t. V, p. 115.

(2) R. de Jhering, *L'esprit du droit romain dans les différentes phases de son développement.* Traduit par O. de Meulenaere, t. IV, p. 212.

tationis ou *cambii*, est celui par lequel un disposeur prête, à un commerçant voyageur, en espèces monétaires du départ, une somme remboursable en espèces monétaires du pays de destination (1). La date exacte de l'apparition ne peut être fixée ; le doute surgit d'autant plus aisément qu'une objection se présente à la lecture des premiers textes, et qu'on se demande si on ne se trouve pas simplement devant des extraits de livres de commerce.

Dans les documents les plus anciens en date, le titre contient l'aveu d'avoir reçu une somme et l'obligation de la restituer à une époque déterminée, mais l'opération a comme caractéristique qu'elle se fait d'un lieu dans un autre. En 1157, il est fait mention à Gênes d'une opération aboutissant à une promesse de payement à Tunis (2). Il existe une lettre de change de 1200 par laquelle promesse est faite à Messine de payer, un mois après l'arrivée du navire des emprunteurs à Marseille ou dans un autre port provençal, une somme reçue en prêt (3). D'autres indications se produisent successivement et, en 1207, se place la lettre de change si souvent citée depuis la publication de l'ouvrage de Canale sur l'histoire de Gênes.

L'usage de la lettre de change est déjà fréquent au milieu du XIII° siècle ; mais à cette époque, la forme est celle de l'acte notarié ; à la fin du XIV°

(1) L. BLANCARD, *Note sur la lettre de change à Marseille,* dans la *Bibliothèque de l'École des chartes,* t. XXXIX, p. 10.

(2) BIENER, *Abhandlungen aus dem Gebiete der Rechtsgeschichte,* n° II, *Historische Erörterungen über den Ursprung und den Begriff des Wechsels,* pp. 60 et suivantes.

(3) L. BLANCARD, *Documents inédits sur le commerce de Marseille au moyen âge édités intégralement ou analysés,* t. I, Introduction, p. XIX.

siècle cependant, elle se rapproche de la forme
actuelle. Notons que la lettre de change n'est tirée
que par les changeurs et les banquiers qui possèdent des succursales ou ont leurs correspondants.

Le protêt se fait assez longtemps devant notaire.
A Londres, fréquemment il ne se dresse qu'après
interpellation faite sur le seuil de la boutique d'un
des nombreux *scriveners*, écrivains publics, en quelque sorte notaires, qui habitent *Lombard street*. Le
but de l'interpellation est de savoir si personne ne
se présente pour exécuter l'engagement et pour payer.

La lettre de change a été façonnée par la pratique
journalière et par l'expérience professionnelle ; elle
a grandi en dehors de toute action de l'autorité
publique ; autour d'elle s'est développé un droit
coutumier répondant à toutes les exigences. A l'origine, l'influence des juristes fut nulle sur son développement ; mais bientôt le change et ses opérations
compliquées soulevèrent un grand nombre de délicats
problèmes où la notion de l'usure se présentait à
chaque instant. C'est alors que les juristes et les
théologiens surtout s'emparèrent du sujet, l'étu-
dièrent, le discutèrent. Une théorie sur le contrat
de change apparaît ainsi dans la *Summa artis
notariæ* de Rolandinus, dans le *Speculum juris* de
Durant et dans les *Consilia* de Balde. Parmi les
théologiens, il faut rappeler le nom de Thomas de
Vio, que nous avons cité déjà, et parmi les juristes
plus spécialement adonnés au droit commercial, il
faut mettre hors de pair Benvenuto Straccha,
Sigismond Scaccia, et Raphaël de Turri.

A son tour, le législateur s'occupa de la lettre de
change. Encore au milieu du xvie siècle son inter-

vention se bornait généralement à approuver la
réglementation faite par les banquiers eux-mêmes ;
c'est le cas pour l'ordonnance de Bologne de 1569,
homologuée par le pape Pie V. Au xvii⁰ siècle,
les documents législatifs devinrent plus nombreux.
Seulement il s'est produit pour la lettre de change
ce qui s'était fait pour d'autres institutions ; quand
le législateur a voulu réglementer, il a détruit une
partie de l'action bienfaisante de la coutume, il a
affaibli l'utilité pratique. Grâce à la coutume, la
lettre de change revêtait, vers la fin du moyen âge,
un caractère quasi-universel, et quand, au xvi⁰ siècle, les législations particularistes se sont juxtaposées
aux législations particularistes, elles ont fait dispa-
raître l'une des conditions premières de la lettre de
change, la facilité de la circulation. A la prétendue
anarchie avait succédé, au détriment du commerce,
la réglementation à outrance et il fallut la poussée
du xixᵉ siècle vers la législation uniforme pour remédier au mal.

La commande désignait dans la règle la commis-
sion donnée par un négociant du lieu de départ à un
voyageur de commerce d'accompagner, aux risques
du cédant, certaines marchandises et de les faire valoir
au mieux en pays étranger, moyennant un bénéfice
convenu d'avance (1). L'institution qui s'était répan-
due d'abord dans la plupart des pays chrétiens rive-
rains de la Méditerranée, qui avait été adoptée notamment dans l'Orient latin et en Espagne, n'avait
pas tardé à être utilisée dans les autres contrées.

---

(1) L. BLANCARD, travail cité, dans la *Bibliothèque de l'École des
chartes*, t. XXXIX, p. 110.

Le cercle des opérations avait été élargi ; les affaires se multipliaient : la société en commandite devint une des formes préférées de l'association. Au XVᵉ siècle, l'usage en était presque général. Le fait s'explique de nouveau par la nécessité d'échapper aux prohibitions qui frappaient le prêt à intérêt. Le droit positif protégea la commande et, au début du XIVᵉ siècle déjà, une ordonnance du roi de France Louis X affirma en termes exprès la légitimité de l'opération.

La commande était d'origine arabe. Elle existait déjà au temps de Mahomet et elle devint le levier principal du commerce musulman. Elle avait comme domaine géographique d'immenses territoires asiatiques et africains longtemps avant que le négoce chrétien tirât profit des facilités considérables qu'elle offrait pour les entreprises. En présence des dispositions sévères du droit musulman en matière de prêt à intérêt, il se comprend aisément qu'on eût recours à la commande et il semble tout naturel que celle-ci fît, sous les termes qui servent à la désigner, le *kirad* et le *modharabah*, l'objet des études des jurisconsultes (1). Le commentaire hanifite le plus important, l'*Hidaya*, justifie d'ailleurs la commande par la loi suprême de la nécessité. « Il y a, dit-il, beaucoup de gens qui possèdent des biens et sont incapables de les employer, tandis que d'autres qui ont l'art de les employer n'en possèdent point ; il faut autoriser ce contrat afin que les intérêts des riches et des pauvres, des inhabiles et des habiles puissent se concilier ».

_____

(1) J. KOHLER, *Die Commenda im Islamitischen Rechte. Ein Beitrag zur Geschichte des Handelsrechts*, p. 5.

CHAPITRE XIII.

Les premiers temps de l'époque moderne.

Le xvi⁰ siècle et la première moitié du xvii⁰ siècle formèrent dans le développement économique de l'Europe une période importante non moins par les transformations qui s'opérèrent sur le continent même que par l'expansion considérable qui se produisit vers l'Amérique et vers l'extrême Asie.

En Europe, cependant, le progrès ne fut ni aussi rapide ni aussi complet que les découvertes géographiques le présageaient. L'impulsion que devait donner au commerce et à l'industrie l'immense extension du champ d'activité, fut arrêtée et brisée dans la plupart des pays. Si quelques contrées, comme par exemple les Provinces-Unies, triomphaient de tous les obstacles et prospéraient par le négoce, presque toutes les autres luttaient péniblement contre les difficultés matérielles et financières. Ce fut au xviii⁰ siècle que s'ouvrit véritablement la grande époque mercantile et industrielle. L'Angleterre traça la voie. Déjà sur son sol les manifestations d'un nouvel état de choses étaient apparentes à partir de la Révolution de 1688 qui, à un certain point de vue, peut être envisagée comme une victoire du commerce sur la propriété territoriale. Dans la seconde partie du xviii⁰ siècle, le même pays vit se produire les applications à l'industrie d'inventions destinées à transformer le travail moderne.

Si des modifications radicales ne marquèrent pas
dès le début la période des découvertes géographiques,
la cause s'en trouve évidemment dans la situation
politique et religieuse de l'Europe, dans les luttes sanglantes qui déchirèrent le continent, dans les dissensions cruelles qui provoquèrent dans presque tous les
pays de lamentables désastres. Ambition des princes,
fanatisme, haine de classes, tout parut se coaliser pour
ajouter aux malheurs qui s'accumulaient. Le christianisme et la civilisation occidentale furent menacés
par le péril turc ; encore à la fin du xviiᵉ siècle les
armées des sultans s'avancèrent jusque sous les murs
de Vienne ; la Méditerranée était dominée par les
pirates et la majeure partie de ses rivages subissaient
le joug des musulmans. A proprement parler, même,
le nord et l'est du continent ne rentraient pas encore
dans le système politique et commercial.

Ainsi se trouvait affaiblie l'influence bienfaisante
que devaient exercer la découverte de la route maritime vers l'Asie, l'accès rendu facile des riches régions
de l'Orient et l'expédition mémorable de Colomb res-
tituant à l'humanité un organe essentiel, la dotant,
comme on l'a si bien dit, d'une plénitude de force et
d'un équilibre d'activité qui jusque là lui avaient
manqué (1). Le Portugal exerça sa domination sur
de vastes territoires au moyen d'une longue chaîne
de comptoirs et de forteresses ; l'Espagne soumit à
sa puissance d'immenses pays ; puis, commença la
lutte pour la possession des régions extra-européennes,
lutte dans laquelle s'engagèrent surtout la France,
les Provinces-Unies et l'Angleterre. La suprématie

---

(1) J. DUVAL, *Des rapports entre la géographie et l'économie politique*, p. 5.

de l'Europe finit ainsi par s'affirmer ; le globe fut
livré à l'activité et les problèmes économiques
embrassèrent désormais dans leurs données la Terre
tout entière.

A partir du XVIᵉ siècle les publicistes qui s'occupent
des questions d'économie politique commencent à
spécialiser l'objet de leurs études ; leur caractéristique est de se ranger d'après leur nationalité, ou
plutôt, comme nous l'avons noté déjà, d'après les
gouvernements dont ils se font les interprètes ou les
critiques. La direction générale suivie par les États
dans leurs relations commerciales avec les autres
États peut s'appeler d'un nom générique « le mercantilisme » ; la tendance est partout la même ; les
applications varient quelque peu.

Si l'on passe en revue les différents pays, on
observe que l'Italie est surtout féconde en écrivains
traitant des matières de finance et de commerce.
Les problèmes s'y posent nombreux et ardus ; un
auteur a même pu faire la remarque piquante que
dans l'Italie les États les plus mal administrés, Naples
et le Milanais pour les citer, produisent le plus
grand nombre d'économistes distingués. L'excès de
souffrance suggère l'examen des causes du malaise
et provoque l'étude des remèdes. En ce XVIᵉ siècle
italien, si néfaste au point de vue matériel, Bernard Davanzati va jusqu'à dire que le désordre dans
le système monétaire est tel que depuis soixante ans
il a rongé le tiers de la fortune publique. Il semble
tout naturel que dans ces conditions le problème
monétaire soit discuté et scruté.

A envisager l'ensemble des écrits, quelques constatations s'imposent. La notion même de l'économie

politique n'est pas encore complètement dégagée ; point encore de conception précise et nette ; point encore de définition. De même, beaucoup d'économistes se rattachent aux publicistes du droit politique (1). Sur des questions fondamentales de l'organisation apparaissent des divergences considérables. Scipion Ammirato fait remonter à la loi civile l'origine de la propriété ; Trajan Boccalini appuie sur la propriété les lois de tout gouvernement. Ne faut-il pas signaler la thèse audacieuse de l'illustre Marc-Jérôme Vida, évêque d'Albe, auteur de la *Christiade?* Dans le premier dialogue *De dignitate reipublicæ*, il fait l'éloge de l'état antérieur à la constitution de la société politique, il expose que la « congrégation civile » est la cause des plus grands maux, il prêche l'abolition de tout gouvernement (2). « Les lois, écrit-il, contraignent l'homme à vivre selon le bon plaisir des autres ; elles lui enlèvent la liberté innée en lui et avec elle détruisent la joie de la vie ». « Consultez la conscience de l'homme, ajoute-t-il, et vous trouverez le droit naturel. Depuis qu'existent toutes les réglementations l'État n'a plus été régi selon la justice. Les anciens l'ont dit : pas de gouvernement d'une cité sans injustice suprême ; ou bien l'État est dans les mains de plusieurs qui ont en vue leur profit personnel, ou bien il est dans les mains d'un seul qui fait peser l'esclavage ».

---

(1) C. Supino, *La scienza economica in Italia della seconda metà del secolo XVI alla prima del XVII,* dans les *Memorie della Reale Accademia delle scienze di Torino,* deuxième série, t. XXXIX, 2ᵉ partie, pp. 153 et suivantes.

(2) Ferdinando Cavalli, *La scienza politica in Italia,* dans les *Memorie dell' Istituto Veneto di scienze, lettere ed arti,* t. XIII, p. 261.

L'essence même de la richesse est discutée. Déjà s'affaiblit la notion qui a prévalu si longtemps au moyen âge. Nicolo Vito de' Gozze n'envisage comme des richesses que les choses qui en tout temps et sans autre moyen pourvoient aux besoins. Paul Paruta enseigne que l'or et l'argent servent uniquement comme des instruments pour acquérir ce qui est nécessaire à la vie.

La division du travail est prônée ; Thomas Campanella y voit le moyen d'utiliser toutes les forces ; sa conception embrasse les différentes nations ; il leur distribue des rôles conformément à leur position géographique.

Si le commerce n'est pas toujours vu avec une égale faveur, quelques écrivains s'attachent cependant à faire ressortir sa mission civilisatrice ; alors apparaît la triple manifestation de l'activité de l'homme, l'agriculture, les arts mécaniques et le négoce. Trajan Boccalini écrit que l'agriculture et le négoce sont les mamelles qui nourrissent les États. Peut-être bien la maxime a-t-elle inspiré le mot de Sully : « Labourage et pâturage sont les deux mamelles dont la France est alimentée. »

Le débat est ouvert d'ailleurs sur la question industrielle. Machiavel avait fait ressortir que l'industrie agricole et manufacturière ont une égale importance. Tout en louant l'agriculture, Jean Botero met au-dessus d'elle l'industrie parce que les produits créés par le génie de l'homme sont plus nombreux et possèdent plus de valeur que les produits de la nature. A son tour, Antoine Serra se prononce en faveur de l'industrie et fait l'éloge du commerce international qu'elle alimente. Au surplus, les discussions des auteurs peuvent s'appuyer sur la pratique gouvernementale. Certains États italiens prennent des mesures nombreuses pour favoriser et encourager l'industrie agricole ; c'est le cas pour le grand-duché de Toscane ; d'autres s'attachent surtout à développer les arts mécaniques et au besoin mettent en œuvre tous les moyens dont ils disposent pour attirer les travailleurs de pays étrangers ; c'est le cas pour le duché de Savoie.

La notion du prix est étudiée par Sabba da Castiglione qui, dans ses *Ricordi* composés en 1544, expose la thèse que la liberté des prix amène l'abondance et avec elle le bon marché, tandis que leur fixation par l'autorité aboutit fatalement à la disette et au manque de choses nécessaires.

La théorie de la population est discutée. Jean Botero pose le problème et met en regard la puissance génératrice de l'homme et la faculté nutritive de la cité.

Nous avons rappelé que dans la période dont nous nous occupons nombre d'économistes se rattachent aux publicistes de droit politique. Il est permis, du reste, de citer ici quelques auteurs que la science politique peut revendiquer plus particulièrement, mais qui ont touché cependant à diverses questions économiques ; ce sont Nicolas Machiavel, Augustin Nifo, Sabba da Castiglione et François Guicciardini. Vers le milieu du xvi° siècle apparaissent deux écrivains s'occupant surtout de l'économie domestique : Paul Caggio qui publie en 1552 l'*Iconomica*, et Silvain Razzi qui compose en 1568 le livre intitulé : *Della economica cristiana e civile*.

Dans l'énumération des économistes italiens proprement dits, il faut mentionner Jean François Lottini

dont les *Avvedimenti civili* ont été édités, en 1575,
par Jérôme Lottini, et Félix Figliucci dont le livre
intitulé *De la politica, overo scienza civile, secondo
la dottrina d'Aristotile* date de 1583. Nous avons
cité déjà Gaspar Scaruffi et Bernard Davanzati qui
se sont plus spécialement occupés de la question
monétaire. Comme nous l'avons dit, Scaruffi prônait
la création d'une monnaie internationale, d'une
« monnaie impériale unique » ; il proposait que la
proportion entre l'or et l'argent fut com e celle de
1 à 12 ; il voyait dans l'adoption de ses réformes le
remède au désordre des monnaies (1). Davanzati, le
célèbre traducteur de Tacite, qui selon le mot d'un
écrivain, donna à la prose italienne la force et l'énergie que Dante avait su donner à la poésie, publia
outre son travail : *Lezione soprà le monete*, une
notice sur le change où il fournissait l'explication
des termes du commerce et le mécanisme des opérations (2). Nicolo Vito de' Gozze que nous avons également cité appartenait à une illustre famille de
Raguse. Dans son traité : *Dello stato delle republiche
secondo la mente di Aristotele con essempi moderne
giornate otto*, paru en 1591, il décrivit « la science
de procurer les choses nécessaires » comme constituant la partie administrative de l'*Iconomia* et de la

(1) Rappelons le titre complet du livre : *L'Alitinonfo di M. Gas-
paro Scaruffi Regiano per far ragione et concordanza d'oro e d'argento ; che servirà in universale tanto per provedere à gli infiniti
abusi del tosare et guastare monete ; quanto per regolare ogni sorte
di pagamenti e ridurre anco tutto il mondo ad una sola moneta.*
Le mot *Alitinonfo* désigne « la vraie lumière » ; il est la transcrip-
tion d'ἀληθινὸν φῶς.

(2) *Histoire de l'économie politique en Italie, ou abrégé critique
des économistes italiens, précédée d'une introduction*, par le comte
JOSEPH PECCHIO. Traduit de l'italien par LÉONARD GALLOIS, p. 68.

16

Politica, et il la divisa en « commutative » et en « nummulaire » selon qu'elle enseigne comment l'argent se transforme en choses nécessaires ou comment il fait l'objet du change et produit intérêt. Celse Mancini, évêque d'Alessano, publia, en 1596, un livre, *De juribus principatuum*, dans lequel, traitant des richesses, il distinguait les richesses naturelles et les richesses artificielles et dans lequel, faisant valoir les motifs qui plaident en faveur de la société politique, il examinait diverses questions relatives aux impôts, à l'art militaire et aux qualités des princes.

Il convient de mentionner Paul Paruta dont l'ouvrage *Della perfettione della vita politica libri tre* touche à plusieurs problèmes économiques. Né à Venise d'une famille originaire de Lucques, Paruta occupa différentes charges publiques, notamment celle de procurateur de Saint-Marc, la plus haute dignité de l'État après la dignité de doge. Il mourut en 1598. Le livre *Della perfettione della vita politica* datait de 1579 ; en 1599, furent publiés les *Discorsi politici*. C'est surtout comme écrivain politique que Paruta est remarquable ; original et profond, il a mérité l'honneur insigne d'être rangé non loin de Machiavel dans la série des grands publicistes italiens.

Jean Botero, que nous avons déjà signalé, a composé des écrits importants parmi lesquels figurent le traité *Della ragion di stato libri dieci*, l'étude *Delle cause della grandezza delle città libri tre* et les *Relationi universali*. Le premier ouvrage parut en 1589 ; une partie des *Relationi* fut imprimée en 1592. L'auteur examine différents points de politique d'administration et de commerce ; en politique, il expose avec une rare logique tout le système de la Raison d'État qui est, pour lui, la connaissance des moyens propres à fonder, à conserver et à augmenter la domination du prince ; en économie politique, il se montre partisan des mesures protectrices de l'industrie indigène, prêche la prohibition des marchandises étrangères et veut empêcher la sortie des matières brutes, quand il s'agit d'objets qui se fabriquent dans le pays même.

Jean-Antoine Palazzo est l'auteur d'un travail : *Discorso del governo e della ragion vera di stato,* écrit en 1604 et publié en 1606, où sont exposées et défendues la légitimité et l'utilité d'un pacte intervenu entre le peuple et le prince, pacte dans lequel le prince s'oblige à mettre toutes ses facultés au service de l'État tandis que le peuple promet de défendre la patrie et de travailler à sa prospérité.

Il y aurait de l'injustice à ne pas mentionner de nouveau Thomas Campanella. L'illustre dominicain touche aux matières économiques dans la *Cité du soleil,* qu'on peut considérer comme la représentation idéale de la république théocratique qu'il avait voulu établir quand, en 1599, il s'était mis à la tête d'une conspiration pour arracher la Calabre à la domination espagnole ; mais il développe surtout ses idées dans son traité de la *Monarchie espagnole,* composé dans les premières années du XVIIe siècle. Montrant la décadence de l'Espagne, il demande la création d'ateliers publics, la fondation de factoreries, l'établissement aux points importants du globe d'écoles de navigation ; critiquant l'injuste répartition des impôts, il suggère l'établissement de taxes légères pour les objets de première nécessité et l'imposition lourde des choses de luxe : « *Vectigal exigatur pro necessariis rebus parvum, pro superfluis largius* ».

Excessivement important est l'écrit d'Antoine Serra : *Breve trattato delle cause che possono far abondare li regni d'oro e d'argento dove non son miniere, con applicazione al regno di Napoli*. On possède peu de renseignements au sujet de l'auteur ; on sait qu'il naquit à Cosenza et la légende veut qu'il prit part à la conspiration ourdie par Thomas Campanella. Un fait semble certain, c'est qu'il passa en prison une partie de son existence et que c'est à l'époque de sa captivité que remontent la composition et la publication de son livre. Le titre a induit en erreur ; dans ce « traité des causes qui peuvent faire abonder l'or et l'argent dans les royaumes » on ne doit pas voir uniquement une étude sur le problème monétaire ; la portée est autrement grande ; Serra a recherché quels pouvaient bien être les remèdes aux maux sous lesquels succombait le royaume de Naples et, étendant ses recherches au delà des frontières de sa patrie, il a examiné les causes de la grandeur de Gênes, de Florence et de Venise.

Comme causes de la richesse d'un État, Serra mentionne les causes naturelles et les causes accidentelles, subdivisant ces dernières en causes locales et en causes communes. D'après lui, les causes naturelles sont simples et se réduisent à l'existence dans les royaumes de mines d'or et d'argent ; les causes accidentelles locales sont la fertilité du sol et la situation du pays relativement aux autres pays ; les causes accidentelles communes sont le nombre des artisans, les qualités mêmes des habitants, le commerce maritime que viennent favoriser à la fois la situation du pays et l'industrie des habitants, et au delà de ces causes il place même une cause plus efficace encore, et proclame que « les institutions politiques sont la base de la prospérité des nations. »

Nous avons déjà fait ressortir le trait caractéristique des théories d'Antoine Serra, la vigueur avec laquelle il se prononce pour l'industrie qu'il déclare préférable à l'agriculture, parce que ses produits sont plus sûrs, plus considérables, d'un débit plus aisé et plus faciles à conserver. « En tout cela, a pu dire un auteur, se retrouve l'idée que ce travail est la source de la richesse (1). »

Quelques autres écrivains sont également dignes de mention. Jean Donat Turbolo composa plusieurs opuscules sur les monnaies du royaume de Naples, dont Galiani a contesté l'importance dans l'histoire de l'économie politique en disant que leur auteur avait traité la matière plutôt en maître de la monnaie qu'en philosophe législateur. Scipion Chiaromonte, mathématicien et astronome écrivit *Della ragione di stato*, livre où il expose une théorie sur la richesse. Ludovic Zuccolo publia, en 1615, *J dialoghi* et, quelques années plus tard, *Considerationi politiche e morale sopra cento oracoli d'illustri personaggi.* C'est dans ses *Dialoghi* que figure sa description d'*Evandria*, État imaginaire où la dignité royale est élective, où un peuple actif et intelligent tâche de se suffire à lui-même et ne tolère que comme une exception les relations commerciales avec l'étranger. Loin, enfin, dans le xviie siècle, Géminien Montanari publia *Della moneta trattato mercantile.*

La France peut citer de beaux noms dans l'histoire littéraire et dogmatique de la science écono-

(1) C. SUPINO, travail cité, p. 168.

mique. Sans rappeler le document curieux, *Le débat des hérauts d'armes de France et d'Angleterre*, antérieur à 1461, postérieur à 1453, où les hérauts des deux pays plaident devant dame Prudence et entreprennent tour à tour de démontrer les causes de supériorité de leur pays, il suffit de rappeler Jean Bodin, Antoine Montchrétien et Émeric Crucé.

Illustre théoricien de la politique, Bodin a rendu des services à l'économie politique. Il a contribué mieux que personne à jeter la lumière sur la révolution économique qui s'accomplissait à son époque. Dans sa *Réponse aux paradoxes du seigneur de Malestroict touchant l'enchérissement de toutes choses et le moyen d'y remédier*, dans son *Discours sur le rehaussement et diminution des monnoies tant d'or que d'argent et le moyen d'y remédier*, il a dévoilé quelques causes de l'enchérissement. Elles étaient, selon lui, l'abondance de l'or et de l'argent ; les monopoles et les coalitions des marchands, artisans et gagne-deniers « s'assemblant pour asseoir le prix des marchandises ou pour enchérir leurs journées et ouvrages » ; la disette occasionnée par la traite trop grande qui s'opérait hors du royaume, par l'empêchement d'y apporter les choses nécessaires, par le dégât qu'on faisait des choses qu'on devait ménager ; le plaisir des princes et des grands haussant le prix des choses qu'ils aiment ; le prix des monnaies ravalé de son ancienne estimation. Il signalait comme causes de l'abondance de l'or et de l'argent, d'abord la découverte des richesses métalliques du Nouveau Monde, ensuite l'activité croissante du commerce et de l'industrie dont les transactions exigeaient plus de monnaie que l'agriculture à laquelle la France s'adonnait jusqu'alors presque

exclusivement, enfin le développement considérable des
opérations financières. En fait, la situation semblait
grave, car si l'abondance et l'avilissement des métaux
précieux suscitaient un accroissement dans les relations mercantiles, ils amenaient « une cherté excessive de toutes choses » pour employer les termes
mêmes des édits royaux.

Dans les *Six livres de la république*, Bodin a
exposé d'intéressantes idées touchant les avantages
du commerce et touchant sa nécessité ; il a insisté
sur le danger des monopoles et des coalitions, prati-
qués à cette époque dans presque tous les pays ;
il s'est attaché à mettre en relief les bienfaits de
l'égalité des charges, et a présenté comme une forme
de l'égalité le principe de l'impôt proportionnel ; il a
fait valoir l'importance des établissements coloniaux.
Peut-être bien doit-on lui reprocher de manifester
de trop vives prédilections pour le pouvoir royal ;
peut-être bien aussi fut-il trop épris du désir d'introduire en tout l'harmonie et de considérer comme
l'objet de la science politique la recherche de la
république bien ordonnée ? (1). Un fait toutefois doit
être affirmé : il eut la gloire d'exercer une énorme
influence sur la pensée politique et sur les théories
économiques et financières, et pendant longtemps il
domina, en Italie, en Allemagne et en Angleterre,
les esprits dirigeants.

Quatre noms méritent d'être tout au moins indi-
qués : Froumenteau, Pierre Grégoire de Toulouse,
Barthélemy et Isaac Laffemas.

---

(1) H. BAUDRILLART, *J. Bodin et son temps. Tableau des théories
politiques et des idées économiques au seizième siècle.* — E. FOURNOL,
*Bodin, précurseur de Montesquieu. Étude sur quelques théories poli-
tiques de la « République » et de l' « Esprit des lois. »*

« N. Froumenteau » est le pseudonyme sous lequel un publiciste protestant, fort probablement Nicolas Barnaud du Crest, fit paraître, en 1581, *Le Secret des finances de France descouvert et départi en trois livres et maintenant publié, pour ouvrir les moyens légitimes et nécessaires de payer les dettes du roy, descharger ses sujets des subsides imposez depuis trente ans et recouvrer tous les deniers prins à Sa Majesté.* L'œuvre est passionnée ; les tendances ne sont nullement scientifiques ; l'exagération des données est apparente ; mais l'auteur a le mérite de manier la statistique (1). Pierre Grégoire, dit *le Tholosan,* « esprit systématique et organisateur (2) », compose un traité *De republica* basé surtout sur les théories aristotéliciennes. Barthélemy Laffemas, sieur de Bautort, valet de chambre du roi, contrôleur général du commerce, publie de remarquables mémoires dans lesquels il essaie d'amener Henri IV à ses idées touchant le rôle bienfaisant de l'industrie et de combattre l'influence du duc de Sully que préoccupait la crainte de voir l'industrie nuire à l'agriculteur. Isaac Laffemas, sieur de Humont, avocat au parlement adresse au roi, en 1606, *l'Histoire du commerce de France*, dans laquelle il s'attache à développer quelques-unes des idées émises par son père.

Antoine Montchrétien est l'auteur du *Traicté de l'œconomie politique.* Né vers 1576, il périt, en 1621, lors d'un soulèvement des forces protestantes auquel il avait participé. Le livre parut en 1615 ; à l'origine le titre choisi était celui de *Traicté économique du trafic* ; telle est du moins la désignation que donne

---

(1) A. ESPINAS, *Histoire des doctrines économiques,* p. 166.

(2) A. RIVIER, *Introduction historique au droit romain,* § 218.

le privilège accordé par le roi. La caractéristique de
l'ouvrage est déterminée en termes excellents par
M. Funck-Brentano qui signale la profonde différence existant entre la façon concrète et vivante dont
Antoine Montchrétien envisage les phénomènes économiques et les définitions, abstractions et théories
auxquelles on recourt de nos jours. « Au lieu de
donner la définition de la valeur et celle du capital,
dit M. Funck-Brentano, au lieu de traiter de la monnaie, des échanges, de la loi de l'offre et de la
demande, et de diviser son ouvrage en un nombre
de chapitres correspondant à ces divisions artificielles,
il commence par l'étude des diverses sortes de manufactures, de leur ordre et utilité, de leurs règlements
et de l'emploi des hommes ; il passe ensuite au commerce qui se fait tant au dehors qu'au dedans du
royaume, en examine les avantages et les difficultés,
étudie les traités, leur forme et leur pratique ;
il s'occupe enfin de ce que nous appelons « colonies »
et qu'il appelle « navigation », pour terminer par
les soins principaux qui s'imposent aux souverains
dans la gestion des affaires publiques (1). »

Comme on l'a fait ressortir, pour Montchrétien
l'économie politique est à la fois un art et une
science ; un art pour les gouvernants, une science
pour ceux qui se préoccupent exclusivement de la
théorie. Dans la notion qu'il s'en forme, il envisage
le travail comme la grande source de la richesse des
peuples, il prône l'émulation, il veut la division du
travail, il combat le luxe, il fait l'éloge du commerce, de « la marchandise », pour employer son

(1) TH. FUNCK-BRENTANO, *L'économie politique patronale. Traicté
de l'œconomie politique dédié en 1615 au roy et à la reyne mère du
roy par Antoyne de Montchrétien*, Introduction, p. XXII.

mot, « qui joint et unit en amitié les peuples séparés par de larges étendues de terre ou par de longs trajets de mer. » Une phrase précise sa pensée. « Le défaut est la source du commerce et la nécessité la règle ». C'est qu'à ses yeux, « le royaume qui peut soi-même fournir à ses propres nécessités est toujours plus riche, plus fort, plus redoutable. » Au surplus, il invoque des événements contemporains et il cite, à l'appui de ses enseignements la politique de Henri IV et les traités conclus par ce monarque avec la Grande-Bretagne et avec l'Espagne.

Si l'on veut se rendre compte de l'exacte situation de Montchrétien au milieu des théories et des systèmes, il faut songer à l'économie en honneur à son époque. M. Funck-Brentano la décrit ; c'est l'économie politique telle que l'entendaient Henri IV et Sully, Richelieu et Colbert, telle que la concevait l' « École politique patronale (1) ».

Maximilien de Béthune, baron de Rosny, puis duc de Sully, doit être mentionné. Il a composé les *Mémoires des sages et royales œconomies d'estat, domestiques, politiques et militaires de Henry le Grand*, où se trouve mainte indication relative aux questions économiques, et il est l'auteur d'un intéressant mémoire intitulé : *Traité du revenu et dépense des finances de France* (2). Il n'est pas inutile de rappeler que quelques-unes des idées de Sully se rattachent à Xénophon dont l'*Économique* jouit au XVIe siècle d'une vogue considérable (3).

---

(1) TH. FUNCK-BRENTANO, ouvrage cité, Introduction, p. XXXI.

(2) C. J. MAYER, *Recueil des États-Généraux et autres assemblées nationales*, t. XXVII, pp. 185 et suivantes.

(3) A. ESPINAS, ouvrage cité, p. 128.

Éméric Crucé publia, en 1623, *Le nouveau Cynée* où, comme nous l'avons déjà dit, il se montre l'adversaire irréductible de la guerre, l'apôtre fervent de la paix et l'enthousiaste partisan de la liberté de commerce.

A la fin du xvii° siècle parurent en Angleterre des écrits fort importants dans l'histoire des théories économiques. Sir William Petty, sir Josiah Child, sir Dudley North et Nicolas Barbon exposèrent des vues justes. Petty voulait une politique de paix et assignait comme rôle au pouvoir central de développer les ressources du pays ; il employait la statistique comme instrument de ses démonstrations et comme moyen d'application de ses idées, et aboutissait à ce qu'il appelait « l'arithmétique politique » (1). Child, North et Barbon défendirent la liberté commerciale contre la prohibition, s'opposant ainsi de toutes leurs forces à l'application du programme du parti whig pour lequel la politique de prohibition semblait la grande arme destinée à abattre cette France de Louis XIV qui menaçait à la fois l'Angleterre et la religion protestante. Mais ces écrivains se placent en dehors de la période que nous examinons ici ; il nous faut remonter jusqu'à sir Thomas More et à son *Utopie*, signaler le *Discourse of the common weal of this realm of England*, publié en 1581, datant en réalité de 1549, et dont l'auteur est selon les uns John Hales, selon les autres sir Joseph Smith ; il nous faut aussi rappeler certains publicistes de la fin du xvi° et du commencement du xvii° siècle. Citons parmi ceux-ci sir Walter Raleigh, Thomas Milles, John Wheeler,

(1) A. ESPINAS, ouvrage cité, p. 169.

Gérard Malynes, Edward Misselden et Thomas Mun. Quelques-uns furent mêlés aux affaires politiques et financières, et leurs écrits présentent l'attrait de toucher aux problèmes complexes que soulevaient la théorie mercantile et la mission des grandes compagnies commerciales. Si l'on veut d'ailleurs se représenter comment toutes ces questions étaient l'objet d'études, de mémoires, de brochures, il suffit de songer qu'au siècle dernier Joseph Massie rédigea, pour la bibliographie économique de 1557 à 1763, un catalogue de quinze cents traités (1).

Si l'on jette un coup d'œil sur l'Allemagne, on constate la constitution de différents groupes au sein de la Réforme ; à côté des hommes modérés, prêchant le retour aux idées évangéliques, mais prêts aux concessions et aux atermoiements surgissent des écrivains à tendances radicales et révolutionnaires (2). Dans le domaine de la science économique quelques noms s'imposent à l'attention : Georges Agricola, Joachim Camerarius, professeur à Leipzig, Melchior d'Osse, fonctionnaire au service des princes-électeurs de Saxe, Hippolyte de Collibus, professeur à Bâle et à Heidelberg, Eberhard de Weyde, professeur à Wittenberg, Henning Arnisæus, Georges Obrecht, le grand « enseigneur » de Strasbourg, et enfin Christophe Besold, qui occupe successivement des chaires universitaires à Tubingue et à Ingolstadt (3).

(1) MASSIE, *Catalogue of tracts*, dans les *Lansdowne mss.* du British Museum, n° 1049.

(2) H. WISKEMANN, *Darstellung der in Deutschland sur Zeit der Reformation herrschenden nationalökonomischen Ansichten*, Introduction, p. 3.

(3) W. ROSCHER, *Geschichte der National-Œkonomik in Deutschland*, pp. 29 et suivantes.

Peut-être convient-il d'ajouter à ces noms celui de Neumayr de Ramsla.

Antoine Montchrétien fait un bel éloge des Provinces-Unies, qu'il célèbre comme un miracle de l'industrie. « Jamais État, écrit-il, n'a tant fait en si peu de temps, jamais des principes si faibles et obscurs n'ont eu de si hauts, si clairs, si soudains progrès. Rome a été trois cents ans sans sortir de son territoire, et depuis vingt-cinq ans, la Hollande fait connaître son nom et ses armes à la Chine ; toutes terres lui sont ouvertes par la mer. » Ces paroles écrites en 1615 n'étaient nullement exagérées et, dès cette époque, les Provinces-Unies pouvaient servir de modèle à tous les pays. A la liberté de commerce, maxime fondamentale de la politique néerlandaise, est dû en grande partie ce grand résultat, et, fait qu'il convient de constater, la théorie n'a guère eu à critiquer ni à corriger la pratique. Des auteurs en ont fait l'observation : en Néerlande, l'École n'a pas exercé d'action sur la réalité de la vie et n'a pas, non plus, fourni des publicistes importants en matière d'économie politique (1). Il convient cependant de mentionner quelques personnalités de valeur. Hugues Grotius a examiné plusieurs questions rentrant dans le domaine économique ; Dirk Graswinckel s'est prononcé pour la liberté de commerce ; Marcus Zuerius Boxhorn a étudié la politique et quelques points spéciaux de la science financière ; Pierre de la Court a composé l'*Interest*

(1) E. LASPEYRES, *Geschichte der volkswirthschaftlichen Anschauungen der Niederlænder und ihrer Litteratur zur Zeit der Republik*, p. 2. — O. VAN REES, *Geschiedenis der staatshuishoudkunde in Nederland tot het einde der* XVIII^{de} *eeuw*, t. I, p. 281.

van Holland, ouvrage important, plaidoyer convaincu en faveur de la liberté du travail et de la liberté du commerce, mais où la pratique peut revendiquer une part plus étendue que la science proprement dite.

Dans la bibliographie espagnole du xvi⁰ et du xvii⁰ siècle on ne rencontre guère d'ouvrages d'économie politique de très grande importance. Quelques points concernant la production et la distribution de la richesse matérielle sont traités par les juristes et par les théologiens ; en droit, ce sujet est même fréquemment examiné dans les ouvrages consacrés à la doctrine touchant le droit et la justice, *de jure et justitia*, doctrine qui embrasse à peu près tout le droit privé et s'étend sur tout le domaine de la justice commutative. D'autres questions forment l'objet de quelques livres spéciaux (1).

Nos indications seront nécessairement brèves Peut-être bien faut-il citer ici un ouvrage dédié à Alphonse, roi d'Aragon et de Sicile par Pierre Belluga, « citoyen de Valence, et vassal de Sa Majesté » ; le titre est : *Speculum principum ac justitiæ* et parmi les matières examinées se trouvent l'amortisation, le fisc, l'usure et les dîmes. De 1559 date la première édition du livre de Ferdinand Vasquez Menchaca : *De successionum creatione, progressu, affectuque et resolutione*, où figure un intéressant passage dans lequel l'auteur combat vigoureusement les lois qui prohibent l'exportation de l'or et montre combien elles nuisent à l'intérêt véritable de l'État. Thomas de Mercado publie, en 1569, les

---

(1) MANUEL COLMEIRO, *Biblioteca de los economistas españoles de los siglos* XVI, XVII y XVIII, pp. 39 et suivantes.

Tratos y contratos de mercaderes, qui renferment des indications concernant les fameuses foires de Burgos et de Medina del Campo. Nous avons cité déjà Jean de Mariana. Au xvii° siècle apparaissent quelques partisans décidés de la protection de l'industrie espagnole. Ainsi Sancho de Moncada, professeur à Tolède, auteur de la *Restauración política de España*, collection de huit discours adressés, en 1619, à Philippe III. Ainsi aussi Geronimo de Zevallas auteur de *Arte real para el buen gobierno de los reyes, principes y sus vasallos*, qui dénonce avec courage les abus de tout genre, les impôts excessifs, le trop grand nombre d'ecclésiastiques, les majorats, l'administration vicieuse de la justice.

Albert Struzzi, italien d'origine mais sujet espagnol, écrit, en 1624, le *Diálogo sobre el comercio estos reinos de Castilla* où il défend la liberté de commerce et la montre répondant au vœu même de la nature, où il indique avec force les dangers de la prohibition et l'inefficacité des mesures qui prétendent l'imposer, en présence de la contrebande toujours agissante. D'autre part, Francisco Martinez de Mata, traitant des moyens de remédier à la dépopulation et à la pauvreté de sa patrie, fait l'éloge de l'industrie mais prétend trouver son salut dans les mesures hostiles au travail étranger. Diego José Dolmer, enfin, expose de nouveau les théories libérales déjà défendues par Struzzi et publie, en 1684, les *Discursos históricos políticos*, à l'occasion de la réunion des Cortès du royaume d'Aragon.

Somme toute, aux premiers temps de l'époque moderne, les doctrines protectionnistes prévalaient chez l'immense majorité des économistes. Dans la pra-

tique dominait le système que nous avons vu exposer
déjà, au commencement du xvᵉ siècle, par Jean Sercambi dans un écrit adressé aux Guinigi de Lucques.
C'était le « mercantilisme », assumant selon les pays
des formes quelque peu différentes, mais demeurant
au fond le même partout. Se ramenant à l'idée que
dans les relations des peuples le profit de l'un s'opère
au détriment de l'autre, il fournissait une justification à toutes les mesures qui procuraient un avantage immédiat et qui semblaient assurer la prépondérance de l'État sur les nations étrangères. Les
constatations du résultat fourni par la comparai-
son des exportations et des importations formaient
« la balance du commerce » ; d'après elles se
prenaient les résolutions destinées à confirmer davantage le triomphe ou à écarter le danger de la défaite.

Dans les théories régnantes, il y avait véritablement
guerre entre les États sur le domaine économique ;
la notion de l'équilibre avait été introduite dans la
vie politique de l'Europe ; dans sa vie économique,
une seule maxime était en honneur, c'est qu'il fallait
coûte que coûte écraser le prochain. On a défini le
mercantilisme comme l'expression suprême de la règle
de l'utile. Il serait aisé de montrer qu'il admettait le
recours à tous les moyens pourvu qu'au bout des
efforts s'affirmât la supériorité matérielle. Aussi que
se produisit-il dans le domaine des faits ? Les guerres
commerciales succédèrent aux guerres dynastiques
et aux guerres religieuses ; l'Europe ne fut pas seule
le théâtre des hostilités ; dans le Nouveau Monde et
dans l'extrême Asie fut combattu le grand combat
pour la victoire économique. Dans ces luttes lointaines, l'instrument préféré des gouvernements fut la
compagnie privilégiée de colonisation ; le régime

choisi, le monopole le plus exclusif. Mais, au besoin, les forces militaires des États se jetaient dans la mêlée et de sanglants conflits venaient entraver toute l'œuvre civilisatrice.

A vrai dire, les hostilités ne cessaient point. Quand la paix était conclue, de nouvelles armes étaient forgées pour atteindre l'adversaire dans son commerce et dans son industrie. En Europe même, l'histoire économique des différents pays se compose d'une série ininterrompue de mesures douanières et fiscales destinées à ruiner les étrangers au profit des sujets de l'État. Les détails variaient ; l'essence était immuable. Ainsi, pour citer des exemples, l'Angleterre ne cessa de poursuivre l'anéantissement de la prospérité des Provinces-Unies ; la France, à son tour, se proposa un but identique ; de là, en Angleterre, l'Acte de navigation de 1651 et l'Acte de navigation de 1660 ; de là, en France, les édits de 1659. En fait, la grande industrie des Hollandais fut terriblement atteinte ; dorénavant ceux-ci ne furent plus les « facteurs » et les « rouliers » des mers. Les luttes douanières et fiscales étaient non moins pernicieuses dans leurs effets que la guerre à coups de canon. Qui donc calculera le mal que firent à l'Angleterre et à la France les fausses notions des mercantilistes anglais s'opposant à tout traité, à toute convention concernant le commerce des deux pays et allant jusqu'à faire prohiber de manière absolue, en 1678, l'importation en Angleterre de marchandises françaises ?

Les leçons du passé sont éloquentes et convaincantes ; ce n'est point impunément que dans les rapports des peuples la notion de la solidarité est négligée, oubliée ou violée ; ce n'est point non plus

17

impunément que dans le gouvernement des États les droits de la liberté sont méconnus. Le coup d'œil que nous venons de jeter sur le développement économique du monde civilisé pendant une de ses époques les plus importantes confirme, en ce qui concerne la prospérité matérielle, les enseignements que l'histoire nous fournit au sujet des richesses morales et des richesses intellectuelles de l'humanité. Dans l'œuvre que celle-ci accomplit à travers les siècles, la collaboration de tous doit être incessante et pour qu'elle soit fructueuse, il faut non la contrainte, non la tyrannie, mais la liberté.

TABLE DES MATIÈRES

CHAPITRE X. — **La monnaie.**

CHAPITRE XI. — **L'impôt, le trésor et l'emprunt.**

www.ingramcontent.com/pod-product-compliance
Lightning Source LLC
Chambersburg PA
CBHW070302200326
41518CB00010B/1865